ÉTUDES ARCHÉOLOGIQUES

SUR LES FAMILLES DU NOM DE LA PORTE.

ERRATA.

Page 3, ligne 12, tenants, lisez : supports.
— 6, — 10, FRANÇOISE, lisez : FRANÇOIS.
— 6, — 30, § 3, lisez : § 2.
— 8, — 20, 1857, lisez : 1850.
— 9, — 22, 1842, lisez : 1840.
— 9, — 31, 1851, lisez : 1861.
— 16, — 33, MARIE, lisez : 4° MARIE.

VERSAILLES. — IMPRIMERIE DE BEAU Jⁿᵒ, RUE DE L'ORANGERIE, 25.

ÉTUDES ARCHÉOLOGIQUES

SUR LES FAMILLES DU NOM DE LA PORTE.

LA FAMILLE

DE LA PORTE DES VAUX

AVEC LES

BRANCHES DU THEIL ET DE FORGES

(EN MARCHE ET POITOU)

PAR

ARMAND DE LA PORTE

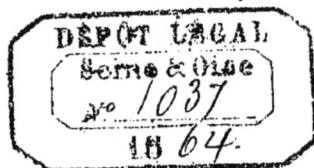

PARIS

CHEZ DUMOULIN, LIBRAIRE

DE LA SOCIÉTÉ IMPÉRIALE DES ANTIQUAIRES DE FRANCE,

13, quai des Grands-Augustins, 13.

1864

PRÉFACE

Memento quia pulvis es.

Les croisades qui donnèrent aux familles de race guer-
rière l'usage des armoiries, virent également s'introduire
l'hérédité des noms dans les coutumes de la France.

C'est du XIIe au XIVe siècle que l'on commença à joindre
aux noms de baptême et aux surnoms en usage chez les
anciens Francs et Gaulois nos pères, un nom de terre ou
d'état héréditaire et commun à tous les membres d'une
même lignée, et aussi à substituer dans les familles nobles,
des armoiries, soumises aux règles d'un art spécial, aux
emblèmes personnels dont les gens de guerre avaient cou-
tume d'orner leurs boucliers.

Soit qu'en ces temps reculés, le nom de la Porte ait été pris
arbitrairement par beaucoup de familles, soit que dans
celles qui existaient plusieurs membres se soient séparés
des troncs principaux, au point d'oublier leur communauté
d'origine et d'adopter de nouvelles armoiries, les nobi-
liaires des différentes provinces de France présentent, à
notre connaissance, au moins une quinzaine de lignées
nobles portant le même nom, mais différentes d'armes, dont
la parenté est difficile à établir. En voici quelques-unes.

De la Porte de la Meilleraie (Poitou) : *de gueules au*

1.

croissant d'argent chargé de cinq mouchetures d'hermine.

De la Porte, d'Issertieux, Riants, Barnejon (Berry) : *d'or à une bande d'azur.*

De la Porte d'Allassac (Limousin) : *de gueules à la porte d'argent.*

De la Porte de Lissac (Limousin) : *d'argent à trois pals de gueules alaisés par le bas et mouvant d'une fasce de même, au chef d'azur chargé de trois étoiles d'or.*

De la Porte aux Loups, de Lusignac (Périgord) : *d'azur à une fasce componée d'or et d'azur de six pièces, accompagnée de deux loups passant d'or l'un en chef et l'autre en pointe.*

De la Porte des Vaux, du Theil et de Forges (Marche) : *d'or au chevron de gueules.*

De la Porte (Dauphiné) : *de gueules à la croix d'or.*

De la Porte de Feraucourt, de Seligny (Ile-de-France) : *d'or à la fasce d'azur chargée de trois étoiles du champ, accompagnée de trois tours de gueules, deux en chef et une en pointe.*

Notre projet est de publier successivement l'histoire de toutes ces familles, avec les copies de leurs titres et la biographie des grands hommes qu'elles ont produits. C'est un travail ingrat et difficile, mais la science et les intéressés en retireront peut-être quelque profit.

Versailles, mai 1864.

ARMAND DE LA PORTE.

GÉNÉALOGIE

DE

LA FAMILLE DE LA PORTE DES VAUX

AVEC LES BRANCHES DU THEIL ET DE FORGES.

La famille de la Porte des Vaux,— du Theil,— et de Forges, a pour armes : *d'or, au chevron de gueules* (1). L'écu surmonté d'un casque de chevalier est orné de lambrequins aux couleurs des armoiries, c'est-à-dire d'or et de gueules. (Armoiries peintes sur la Maintenue de noblesse de 1665 signée COLBERT).

Jean-Gabriel de la Porte du Theil, membre de l'Académie des Inscriptions, timbrait cet écusson d'une *couronne de comte*, avec deux lyres pour tenants. Je n'ai pu trouver jusqu'ici l'origine de ce privilége.

---

(1) Les mêmes armoiries sont portées par les Masserode, les Doncour et peut être d'autres familles.

Une ancienne tradition conservée dans la famille, lui donne pour berceau la terre de la Porte en Périgord d'où sont sortis les de la Porte aux Loups. Cette opinion est accréditée par BARBOT DE LA TRÉSORIÈRE en ses *Annales historiques des anciennes provinces.* Suivant lui, les de la Porte aux Loups auraient formé trois branches 1° celle d'Estrades en Angoumois ; 2° celle de Beaumont en Saintonge ; et 3° celle du Theil (des Vaux) en Poitou. Au contraire, M. DE CHERGÉ, dans sa *Généalogie de la famille de la Porte aux Loups,* nie toute parenté entre elle et celle qui nous occupe. D'HOZIER dit, de son côté, dans une *note manuscrite* que nous avons copiée à la Bibliothèque impériale : « Le jeune de la Porte, Jean-Hector, est compris dans la nomination du roi pour ses écoles militaires sous le nom de la Porte *au Loup.* Les titres de production de cette famille qui sont en grand nombre ne faisant nulle mention de ce surnom, *au Loup,* j'y ai substitué le surnom *des Vaux,* terre que cette ancienne famille noble possède depuis trois siècles, et dont le père de Jean-Hector est encore aujourd'hui seigneur. — J'ai joint pareille observation au certificat de noblesse du jeune de la Porte que j'ai envoyé au ministre aujourd'hui, 1ᵉʳ septembre 1790. Signé d'HOZIER DE SÉRIGNY.»

Quoi qu'il en soit de cette origine, le premier de la Porte *des Vaux* vint s'établir sur les confins du Poitou et de la Basse-Marche en 1480, époque à laquelle la terre des Vaux, située dans la paroisse de Millac, sénéchaussée du Dorat, fut apportée à Aubert de la Porte, par son mariage avec Jeanne du Château dame des Vaux, veuve de Jean Chaffaud vivant seigneur des Vaux.

Quant à l'orthographe du nom, le *Nobiliaire manuscrit du Poitou,* à la Bibliothèque impériale, les *Maintenues de noblesse,* les travaux de d'HOZIER, les *Lettres de commission* de M. de la Porte du Theil, ambassadeur pour la paix d'Aix-la-Chapelle, les *Mémoires de l'Académie des Inscriptions* dans l'Eloge de Jean-Gabriel de la Porte, un de ses membres, M. FILLEAU, dans son *Dictionnaire des familles du Poitou,* et le *Catalogue officiel des gentilhommes électeurs en 1789,* publié par MM. DE LA ROQUE et DE BARTHÉLEMY, sont unanimes à adopter celle que nous avons reproduite, et l'on peut assurer que c'est par erreur ou ignorance des greffiers et notaires que ce nom se trouve quelquefois écrit *de Laporte.*

NOMS ISOLÉS.

PORTE (Guillaume DE LA) faisait, en 1167, donation de la terre qu'il possédait à Genouillé, à l'abbaye de Montazai du consentement de Hermine, son épouse.

PORTE (frère Audebert DE LA), chevalier du Temple, précepteur d'Auson (ou Usson en Poitou?) comparaît en 1310 devant les commissaires chargés d'instruire le procès de l'Ordre. Il fut de ceux qui persistèrent à défendre l'innocence de leur religion (1).

PORTE (Bertrand DE LA), chevalier, fut tué à la bataille de Poitiers, sous le roi Jean II, et inhumé aux Jacobins de cette ville en 1356.

PORTE (Pierre DE LA) était, en 1370, garde du scel du prince de Galles, à Niort.

PORTE (Hugues DE LA) écuyer, partage le 25 septembre 1431 avec René, son frère, la succession de Jeanne de Querville (ou Querelle?) leur mère, dame de Beaulieu.

PORTE (Jean DE LA) servait, pour son père, comme brigandinier du sieur de Jarnac, en 1467.

FILIATION SUIVIE.

§ Iᵉʳ. DE LA PORTE (BRANCHE AÎNÉE OU DES VAUX).

I.— **PORTE** (Aubert, ou Audebert DE LA), écuyer, seigneur des Vaux en la paroisse de Millac, diocèse de Poitiers, dont il rendait aveu, en 1489, à Raoul du Fou, évêque d'Evreux, puis, le 10 novembre 1506, à François du Fou, écuyer, seigneur de

---

(1) Voir, BULLETIN de la Société archéologique du Limousin 1861, mon article sur Raynaud de la Porte, évêque de Limoges, l'un des commissaires pontificaux dans ce procès célèbre.

l'Ile-Jourdain, etc. Il en rendait encore un autre, le 3 avril 1509, où sont dénombrés les fiefs des Vaux, de la Roche, de l'Aâge-Bougrain, etc., et en recevait un le 3 décembre 1510 de Jean Foucault. — Aubert épousa, 1° en 1480, JEANNE DU CHATEAU, et ils se faisaient, le 26 août 1498, donation mutuelle de leurs biens. — Il épousa, en deuxième noces, le 24 juin 1508, HIPPO-LYTE DE BARACHIN, veuve de Jean Taveau, écuyer, et fille de feu Louis, écuyer, et de Perrine de Rancé, duquel mariage sont issus :

1° FRANÇOISE, qui suit.

2° JACQUELINE ; 3° MARGUERITE ; nommées dans le contrat de mariage de leur frère.

II. — **PORTE** (François DE LA), écuyer, seigneur des Vaux, fut l'un des archers de la compagnie du marquis du Maine. Il rendit aveu au seigneur de l'Ile-Jourdain le 20 juin 1539 et le 28 mai 1548. — Il épousa, le 10 mars 1541, MARGUERITE DE BOISLINARD, fille de feu François, écuyer, seigneur dudit lieu, dont il eut :

III. — **PORTE** (François DE LA), écuyer, seigneur des Vaux, de l'Aâge-Bougrain, etc., — qui épousa, le 20 janvier 1567, ANNE DU QUERROUAIS, dame de Moustier, qui était veuve en 1576, lorsqu'elle rendit, comme tutrice de leurs enfants, un aveu au seigneur de Messignac. Elle fut déclarée exempte de tailles le 26 novembre 1584, et confirmée dans sa noblesse avec Marguerite de Boislinard, sa belle-mère, par MM. Charles Huaut de Montagny, de Sainte-Marthe, etc., le 19 juin 1599. Leurs enfants étaient :

1° JACQUES, qui suit.

2° PIERRE, *origine de la branche du Theil, rapportée au § 3.*

IV. — **PORTE** (Jacques DE LA), écuyer, seigneur des Vaux, renonçait à la succession paternelle, le 24 mai 1614. — Il avait épousé, le 17 septembre 1595, JEANNE, ou DIANE DE COUHÉ, qui le rendit père de :

1° PIERRE, qui suit.

2° JEANNE, qui épousa N. DE LA GARSILLIÈRE.

3° FRANÇOIS, marié le 16 juillet 1642, à FRANÇOISE DE FAU-VEAU, fut confirmé dans sa noblesse le 13 novembre 1667 sur le vu de ses titres de noblesse. Il habitait alors le fief de Pierre-Folle, paroisse de Frezelines, dans l'élection de Guéret, généralité de Moulins (*sa filiation est inconnue*).

4° MARGUERITE.

V. — **PORTE** (Pierre DE LA), écuyer, seigneur des Vaux, fut maintenu dans sa noblesse ainsi que JEANNE, sa sœur, le 9 septembre 1667, par M. Barentin.— Le 17 novembre 1619, il avait épousé GABRIELLE DE BAIGNAN, dont il eut :

1° FRANÇOIS, qui suit.

2° Autre FRANÇOIS, dit le Jeune, écuyer, seigneur de la Chezauderie qui faisait diverses acquisitions le 5 mars 1660, le 2 décembre 1663, le 6 mai 1664, le 26 novembre 1677 et le 24 mai 1686. Il épousa, le 11 janvier 1660, ANNE LE BLOND, dont il eut :

FRANÇOIS-ANNE, écuyer, seigneur de l'Aâge-Bougrain, baptisé au Vigeant le 6 septembre 1662, qui passa divers actes le 13 septembre 1713, le 25 septembre 1714 et le 29 avril 1729 ; il fut maintenu dans sa noblesse le 13 janvier 1716, par M. de Richebourg. Sa succession fut partagée, le 15 octobre 1748, entre Pierre-Jean de la Porte, son cousin, et le sieur Jean Viguer.

VI. — **PORTE** (François DE LA), écuyer, seigneur des Vaux, Fontvallais, etc., fut baptisé le 17 décembre 1629. — Il épousa, le 15 juillet 1663, MARGUERITE BEGAUD, fille de Philippe, chevalier, seigneur de Beaussays et de Perrine Métayer, dont il eut :

1° PIERRE, qui suit :

2° ANTOINE, écuyer, seigneur de Fontvallais, du Champ, etc., baptisé à Millac le 20 juillet 1672, fut confirmé dans la noblesse en même temps que son frère avec lequel il avait partagé, ainsi qu'avec son neveu la succession de leur père en 1713. — Il épousa ANNE DE PARADIS, fille de Jacques, écuyer, seigneur de Villedars, et de N. de Feydeau, qui était veuve et tutrice de LOUIS, leur fils, et vendait certains domaines le 24 septembre 1742, à Pierre-Jean de la Porte, son cousin.

3° MARIE, qui épousa Louis TEXEREAU, écuyer, seigneur de Pressigny, morte ainsi que son mari avant le 29 septembre 1716.

VII. — **PORTE** (Pierre DE LA), écuyer, seigneur des Vaux,

fut maintenu dans sa noblesse le 13 janvier 1716, par M. Quentin de Richebourg. Il fut d'abord gendarme, puis lieutenant de la garde à cheval, établie pour la conservation des droits du roi. — Il épousa, le 26 janvier 1694, LOUISE TAVEAU DE LA TOUR, dont il eut :

1° MARIE-ANNE, baptisée le 14 août 1704 et qui fut reçue à Saint-Cyr sur une lettre signée du roi Louis XV, du 14 juin 1716.

2° PIERRE-JEAN, qui suit.

VIII. — **PORTE** (Pierre-Jean DE LA), écuyer, seigneur des Vaux, épousa, — 1° le 13 février 1733, MARGUERITE CHASTEIGNER, fille de René, chevalier, seigneur du Fresne, et de Marie Raoul, son épouse ; — et 2° le 28 novembre 1737, MARIE-LUCRÈCE BOYNET DE LA FREMAUDIÈRE, fille d'Etienne-François, chevalier, seigneur de Marigny, et de Marie–Lucrèce de la Myre. De ce second mariage sont issus :

1° JEROME-AUGUSTIN, qui suit.

2° JACQUETTE, mariée à MATHIEU DE LONDEIX, chevalier, seigneur de Champagnac, mousquetaire de la garde du roi.

IX. — **PORTE** (Jérôme-Augustin DE LA), chevalier, seigneur des Vaux, né en 1757, fut nommé lieutenant à la compagnie de Richemond du régiment provincial de Paris, le 5 mai 1772 ; il passa ensuite lieutenant de grenadiers le 24 mai 1775, se maria, revint dans ses terres, prit part aux assemblées pour la convocation des états généraux de la Basse-Marche (voir aux archives de l'Empire et au catalogue publié par MM. de Barthélemy et de la Roque), soutint le flot de la révolution sans émigrer, quoique plusieurs fois sa maison ait été pillée, fut pensionné sur la cassette du roi après la Restauration et mourut en 1829, au milieu de ses enfants. — Il avait épousé 1° le 18 mars 1777, MARIE-MADELEINE-ARMANDE-MARGUERITE DE BLET, fille d'Armand-Jean, baron de Blet, gouverneur de Chinon, et d'Armande-Marguerite de Chauvery, dont il eut :

1° JEAN-BAPTISTE-HECTOR, qui suit.

Le même JÉRÔME-AUGUSTIN épousa, 2° en 1795, à Millac, MARIE-LOUISE RIBIÈRE DE LA BESSE, dont il eut :

2° HENRI, chanoine du Mans et curé dans le diocèse de Poitiers, auteur d'une *Histoire de la Vie de Jésus-Christ*.

3° GABRIEL-ALEXANDRE, né en 1799, garde du corps en 1816, dans la compagnie de Puységur, retiré du service en 1823,

Il a épousé en 1824, à Usson (Vienne), JULIE-MARTHE BAUGA, fille de Pierre et de N. Pluvillère, dont cinq enfants :

JEAN-PIERRE-ARMAND, né au Vigeant en 1826, reçu docteur en médecine en 1856, qui, après plusieurs campagnes en Afrique, est actuellement médecin aide-major de 1re classe dans l'artillerie de la garde impériale.

MÉLANIE.

ALEXANDRE-JEAN-BAPTISTE, né à Nouic, en 1832.

JULIE et PHILOMÈNE, religieuses de l'ordre de Saint-Alexis de Limoges.

4° IRMA, mariée à GASTON DUTHEIL, DE LA ROCHÈRE.

5° HORTENSE, mariée à THÉOBALD DUTHEIL DE LA ROCHÈRE.

X. — **PORTE** (Jean-Baptiste-Hector DE LA); né le 17 septembre 1779, fut admis, le 16 février 1788, à Saint-Cyr (collège de Pont-le-Voy), entra dans l'administration des finances qu'il quitta plus tard pour devenir secrétaire de la Mairie de Poitiers. Il est mort en 1849. — Il avait épousé MADELEINE-JUSTINE DE COUBRIVAULT, dont il eut :

1° LOUIS-HENRI, qui suit.

2° THÉOPHANE, né en 1809, d'abord officier élève à l'école de Saumur, puis directeur des postes à Châtillon-sur-Sèvres. Il a épousé, en 1842, ALINE CHAMBERT, dont deux enfants :

NELLY, née en 1841.

THÉOPHANE, né en 1842, à Châtillon-sur-Sèvres.

3° FANELIE, demeurée fille.

XI. — **PORTE** (Louis-Henri DE LA), né en 1805, au Vigeant, entra à l'école de Saint-Cyr en 1821, en sortit officier en 1823, servit jusqu'en 1829, époque à laquelle il se retira comme lieutenant pour se marier à GEORGETTE DU PONTAVICE, en juin 1829; de ce mariage est issue :

FANELIE, née à Caen en 1832, mariée, en 1851, à Arthur, vicomte DE GIBON, capitaine d'état major.

(Louis-Henri de la Porte n'ayant pas d'enfant mâle, le chef de la famille sera après lui Théophane de la Porte, ou, au défaut de celui-ci, Armand de la Porte, fils du frère cadet d'Hector de la Porte.)

§ II. DE LA PORTE (BRANCHE CADETTE OU DU THEIL).

IV. — **PORTE** (Pierre DE LA), fils puîné de François et
d'Anne du Querrouais, rapportés au 3ᵉ degré du § 1ᵉʳ, écuyer,
seigneur de l'Aâge-Bougrain et du Theil-aux-Servants, partagea
noblement avec ses frères, le 10 août 1597, la succession de son
père, et reçut, le 30 juin 1618, aveu de la dîmerie des Grollières,
paroisse de Saint-Martin-la-Rivière, relevant de sa terre du Theil
« au devoir d'un éperon apprécié 12 deniers à mutation de seigneur et d'homme. » — Il fut maintenu noble le 3 juillet 1634,
et eut de FRANÇOISE DE BARACHIN, son épouse, fille de Guillaume,
écuyer, seigneur du Theil et de Renée de Saint-Laurent, qu'il
avait épousée le 25 juillet 1597 plusieurs enfants qui moururent
tous sans postérité, excepté PIERRE, qui suit.

V. — **PORTE** (Pierre DE LA), écuyer, seigneur du Theil-aux-
Servants, fut maintenu noble par sentence de M. Barentin du
9 septembre 1667, et prouva une filiation non interrompue depuis Aubert de la Porte. — Il épousa, 1° le 24 janvier 1639,
CLAUDE DE LA GRAIZE, fille d'Antoine, écuyer, seigneur de Tra-
versay, guidon de la compagnie des gendarmes du duc de la
Rochefoucault et de Suzanne de Villedon; ils se faisaient une
donation mutuelle le 12 janvier 1640. — Il épousa, 2° le 16 juillet 1648, ANNE DE PERROUIN, fille de feu Jacques, écuyer, seigneur de la Nouzellière et de Renée de Mareuil. — Du premier
lit sont issus :

1° ANTOINE qui suit.

2° GABRIEL, écuyer, seigneur du Theil, qui fut garde du corps
du roi Louis XIII, et se retira brigadier. Il avait épousé, le
16 novembre 1682, MARIE BLONDEL, dont il eut :

JEAN-GABRIEL, écuyer, seigneur de la Porte et du Theil.
Né le 18 août 1683, cet enfant qui était destiné à devenir le
principal lustre de la famille, débuta dans la carrière politi-
que comme secrétaire du comte de Marcin, ambassadeur à
Madrid en 1701. Il fut nommé, le 31 décembre 1702, par
brevet signé du roi et plus bas Antoine de Villabra, lieutenant de cavalerie dans l'armée espagnole. Il était secrétaire du
maréchal de Tessé, capitaine général des côtes d'Espagne,
lorsqu'il fut nommé le 30 juillet 1705 commissaire des guerres

en Espagne par brevet signé : Moi, le roi, et plus bas, Joseph
de Grimaldi. Il entra en 1708 dans les bureaux des affaires
étrangères, et assista en qualité de secrétaire d'ambassade au
congrès d'Utrecht en 1711, où il rendit de très-grands services.
De 1712 à 1713, il fut chargé d'affaires près les Provinces-
Unies et assista comme secrétaire des plénipotentiaires fran-
çais à Bade en 1713. Revenu dans les bureaux, il contribua à
créer le dépôt des traités, conventions, dépêches, etc., dont
Louis XIV avait eu la pensée. Il fut sous la Régence l'un des
trois premiers commis du conseil des affaires étrangères, et
en 1718, à la reconstitution des ministères, diverses missions
importantes lui furent confiées, entre autres à Madrid, à propos de la quadruple alliance. Il fut nommé en 1735, ministre
plénipotentiaire près l'empereur d'Allemagne, et accrédité par
les lettres de Louis XV, dont voici copie : « Louis, par la
grâce de Dieu, roi de France et de Navarre, à tous ceux
qui ces présentes lettres verront, salut ; comme nous ne vou-
lons rien omettre de ce qui peut dépendre de nous pour ac-
célérer la consommation du grand et salutaire ouvrage de la
paix, et du rétablissement de la tranquillité de l'Europe ;
nous confiant entièrement à la capacité, expérience, zèle et
fidélité pour notre service , de notre cher et bien-aimé le
sieur de la Porte du Theil, chevalier des ordres de Notre-
Dame du Mont-Carmel et de Saint-Lazare de Jérusalem ; pour
ces causes et autres bonnes considérations à ce nous mouvant,
nous avons commis, ordonné et député, et par ces présentes,
signées de nos mains commettons, ordonnons et députons ledit
sieur de la Porte du Theil, notre ministre, auprès de notre
très-cher et très-aimé frère l'Empereur des romains, et lui
avons donné et donnons plein pouvoir, commission et mende-
ment spécial, pour, en notre nom, convenir avec un ou plusieurs ministres de notre dit frère ou ses alliés, munis de pleins
pouvoirs en bonne forme, arrêter, conclure et signer les traités, articles et conventions qu'il avisera bon être. Voulant
qu'il agisse en cette occasion avec la même autorité que nous
ferions ou pourrions faire si nous y étions présent en personne,
encore qu'il y eut quelque chose qui requit mandement plus
spécial que ce qui est contenu en ces présentes, promettant en
foi et parole de roi d'avoir agréable, tenir ferme et stable, et
toujours accomplir et exécuter ponctuellement tout ce que le
dit sieur de la Porte du Theil aura stipulé, promis et signé

en vertu du présent pouvoir sans jamais y contrevenir, ni permettre qu'il y soit contrevenu pour quelque cause, ou sous quelque prétexte que ce puisse être, comme aussi d'en faire expédier nos lettres de ratification en bonne forme pour être échangées dans le terme dont il sera convenu, car tel est notre bon plaisir ; en témoin de quoi nous avons fait mettre à ces présentes le scel de notre secret. Donné à Versailles, le 26ᵉ jour de décembre, l'an de grâce 1735 et de notre règne le 21ᵉ ; signé Louis. » Gabriel de la Porte remplit avec bonheur la mission délicate dont le chargeait la confiance du roi. Le 26 août 1736 tout était accordé, et la France comptait la Lorraine au nombre de ses provinces. Mais la vertu ne peut vivre sans ennemie. Poursuivi par l'animosité du comte d'Argenson, le ministre fut destitué le 23 juin 1737. Il resta dans la disgrâce jusqu'à l'avénement aux affaires étrangères de M. de Puysieux, qui l'appela près de lui et l'envoya en qualité d'ambassadeur extraordinaire et de ministre plénipotentiaire à Aix-la-Chapelle, en 1748, avec le comte de Saint-Séverin, pour y conclure le fameux traité qui porte ce nom. Ce fut sa dernière œuvre, et il mourut à Paris le 17 août 1755, âgé de 72 ans. Gabriel de la Porte était encore conseiller du roi en ses conseils, secrétaire de sa chambre et de son cabinet, secrétaire des commandements de Mgr le Dauphin et de Madame de France. — Il avait épousé JEANNE-BENJAMINE-ANGÉLIQUE FAUCARD DE BEAUCHAMP, fille d'Antoine-François, conseiller du roi, maître de la chambre des comptes, et de Madeleine Berthellier dont il eut deux enfants :

1° MADELEINE, née en 1741, qui épousa M. DE BORY, officier de marine, resta veuve sans enfants, et se retira plus tard auprès de son frère ;

2° JEAN-GABRIEL, né en 1742 et baptisé le 14 juillet 1742 à Saint-Sulpice de Paris. Il entra à l'âge de 14 ans dans les chevau-légers de la garde du roi Louis XV, passa ensuite au régiment des gardes françaises avec lequel il fit la campagne de 1762, et obtint la croix de Saint-Louis. Malgré les exigences du service militaire, il s'adonna à l'étude avec un zèle infatigable. Les lettres eurent en lui un des meilleurs hellénistes de l'époque. A l'âge de 28 ans, il publiait en 1770 l'*Oreste d'Eschyle*, qui lui ouvrit la même année les portes de l'Académie des inscriptions et belles-lettres. Chargé d'aller en Italie faire des recherches de pièces et documents historiques ignorés, il en rapporta plus de 18,000 chartes ou contrats. A son retour, il fut nommé gentilhomme de la chambre de Monsieur, frère de Louis XVI; mais la Révolution le força bientôt à émigrer. Son exil ne fut pas long, car le 10 messidor an II, il obtenait une subvention du gouvernement pour la traduction de la Géographie de Strabon, à laquelle il travaillait avec MM. Gosselin et Coraï; et le 24 nivôse an IV il était nommé à la chaire de professeur de l'histoire philosophique des peuples. A la Restauration, il fut nommé (20 janvier 1816) grand officier de la Légion d'honneur, et mourut trois mois après, sans avoir été marié, à l'âge de 75 ans. Ses principaux ouvrages sont la *traduction de l'Oreste d'Eschyle*, la *traduction des Hymnes de Callimaque*, deux volumes de *lettres inédites d'Innocent III*, la *traduction complète des œuvres d'Eschyle*, la *traduction de la Géographie de Strabon*, enfin une *traduction de Pétrone* dont il supprima lui-même les exemplaires, sur l'observation qu'on lui fit que le scandale que causerait cette publication ne saurait être racheté par l'avantage qu'en retirerait la science : délicatesse bien rare et qui ne peut qu'honorer son caractère.

3° SUZANNE, mariée à DANIEL NÉGRIER, écuyer, seigneur de la Dauge.

Et du second lit :

4° ANNE, qui épousa JACQUES DU CHATEAU, écuyer, seigneur du Ry, et abandonna ses biens le 10 février 1710 à Martial de Vézien, écuyer, seigneur des Forêts, son gendre.

VI. — **PORTE** (Antoine DE LA), écuyer, seigneur du Theil-aux-Servants et de la Chapelle-Viviers, né le 1er avril 1640, rendit hommage tant en son nom que pour ses frères et sœurs, au duc de Mortemart le 7 juin 1689, des fiefs, terre et seigneurie du Theil-aux-Servants, avec son droit de haute, moyenne et basse justice qui relevait de Lussac à foi et hommage plein d'un éperon blanc valant dix sous, à muance de seigneur et d'homme. — Il épousa : 1° JEANNE DE MAUVISE, dont il n'eut point d'enfant ; — 2° le 27 août 1665, il épousa CATHERINE DE REGNAULT, fille de Pierre, écuyer, seigneur de la Touche, et de Renée de Garestier, avec laquelle il faisait une donation mutuelle le 15 mars 1669, et dont il eut :

1° RENÉ, qui suit.

2° FRANÇOIS, *tige de la branche dite de Traineau, aujour-*

d'hui éteinte, qui fut maintenu dans sa noblesse par feu M. de Richebourg le 18 janvier 1716, en même temps que son frère aîné. — FRANÇOIS épousa : 1° le 18 mai 1700 ANNE DE BARACHIN, fille de François et de Marie de Nossay ; — 2° le 10 février 1706 JEANNE DE LA BUSSIÈRE, fille d'Honoré, écuyer, seigneur de Gençay et d'Hilaire Pot ; — 3° avant janvier 1738, MADELEINE BELLIVIER. — Il eut du second lit :

FRANÇOIS, prêtre, curé, prieur de la chapelle Vivier, chanoine du chapitre de Saint-Hilaire de Poitiers, chapelain de la chapellenie simple de Saint-Michel en l'église de Saint-Didie de Poitiers, qui testa le 11 avril 1781.

MARIE, femme d'ANTOINE DE LA PORTE, seigneur du Theil et de la Chapelle-Viviers.

ANTOINE, écuyer, seigneur de Tréneau, seigneur haut justicier de la terre et seigneurie de Champeaux, et qui rendait hommage le 22 juin 1773 de son fief de Pouzioux qui relevait du château de Montmorillon. Il servit au bataillon de milice de Montauban, où il fut nommé lieutenant le 28 juillet 1733, passa le 1er octobre 1734 avec son grade dans celui de Fumée (généralité de Poitiers), y fut nommé capitaine le 29 décembre 1735, passa en cette qualité dans le bataillon de Fontenay le 28 août 1747, et y commanda successivement les fusiliers et les grenadiers. Le 17 décembre 1748, il fut fait chevalier de Saint-Louis et nommé lieutenant des maréchaux de France au département de Saint-Savin, Chauvigny et le Blanc. Il mourut le 21 mars 1781. — Il avait épousé HÉLÈNE-FRANÇOISE-ANGÉLIQUE LE MERCHIER, veuve de Jean-Baptiste de Bridoul, échevin de Cambrai, fille de Hubert, avocat fiscal de l'archevêque de cette ville et d'Angélique de Bourchault. — Leurs enfants furent :

1° FRANÇOIS-ARNOULT, né en 1749, paroisse Saint-Nicolas de Cambrai, qui servit quelque temps dans les carabiniers, et mourut à Paris à l'hospice de l'Unité le 23 germinal an IV. Il avait pris part à l'assemblée de la noblesse pour l'élection des députés aux états généraux de 1789 dans la province de Saintonge. (Voir *la noblesse de Saintonge et d'Aunis.* Paris, Dumoulin.)

2° SUZANNE-ANTOINETTE-ROSALIE, née le 6 octobre 1759, et mariée à ANTOINE DE LA PORTE, écuyer, seigneur du Theil et de Forges, son parent.

3° MARIE-JOSÉPHINE-AUGUSTINE, née en 1751, qui mourut célibataire le 4 pluviôse an IV.

3° MARIE-ANNE qui était mineure le 15 décembre 1704 et mariée à JEAN DE BACONNET, écuyer, seigneur du Lude et de la Rode, avec lequel elle demeurait au lieu noble de la Bouëge, paroisse de Moulins.

VII. — **PORTE** (René DE LA), écuyer, seigneur du Theil et de la Chapelle-Viviers, né le 4 août 1671, fut maintenu noble par M. Quentin de Richebourg le 13 janvier 1716. Il avait épousé : 1° le 24 septembre 1708, MARIE-ROSE PERREAU, qui mourut le 23 août 1717 ; — et 2° le 9 mars 1720 LOUISE BARBIER, veuve de François Dumas, écuyer, seigneur de Chez-le-Grand, avocat au présidial de Poitiers.—Du premier lit naquirent :

1° ANTOINE qui suit ;

2° MARIE-ROSE-MODESTE, religieuse à la Visitation de Poitiers, qui entra au couvent en 1741 ;

3° BARTHÉLEMY, mort enfant ;

4° LOUIS, *qui fut la souche de la branche de Forges rapportée au § 3.* Ces deux derniers nés jumeaux causèrent la mort de leur mère.

VIII. — **PORTE** (Antoine DE LA), écuyer, seigneur du Theil et de la Chapelle-Viviers, né le 5 décembre 1711, épousa MARIE DE LA PORTE, sa cousine, fille de François, écuyer, seigneur de Tréneau et de Jeanne de la Bussière, dont il eut FRANÇOIS qui suit.

IX. — **PORTE** (François DE LA), écuyer, seigneur du Theil, de la Chapelle-Viviers, etc., servit d'abord comme officier au régiment de marine infanterie. — Le 13 décembre 1767, il épousa GABRIELLE-ARMANDE DE BLET, fille d'Armand-François, chevalier, seigneur de Chergé, Vaucouleurs, etc., chevalier de Saint-Louis, et de Fulgence-Thérèse d'Aix, dont il eut :

1° ROSALIE, épouse de N. DE MAUVISE ;

2° LOUIS-AUGUSTIN, qui suit ;

3° AGATHE, morte célibataire ;

4° N. DE LA PORTE, officier dans l'armée de Charrette, qui fut tué dans un engagement en 1796.

X. — **PORTE** (Louis-Augustin DE LA), écuyer, seigneur du Theil, né le 17 septembre 1773, fut admis à l'école militaire d'après un certificat de Cherin du 19 mars 1788, entra cadet gentilhomme au régiment de Chartres infanterie le 20 septembre

1789, et fut fait lieutenant le 15 septembre suivant. Il quitta le service en 1791, émigra avec les officiers de son corps, rejoignit à Ath l'armée des princes ; fit la campagne de 1792, prit part à la défense de Maëstricht avec les gentilshommes du Poitou, sous les ordres du marquis de Lambertye ; passa dans le régiment Brabançon de Wurtemberg infanterie, et y fit toutes les campagnes depuis le mois de mars 1793, en qualité de simple fusilier, jusqu'en 1797 où il redevint enseigne. En 1798, il fut fait lieutenant au régiment archiduc Joseph infanterie, et y servit jusqu'en 1803. Il fut nommé chevalier de Saint-Louis à la Restauration. — Il avait épousé CATHERINE GIRARD DE PINDRAY, fille de Jean Bonaventure, écuyer, seigneur du Deffand, chevalier de Saint-Louis, ancien capitaine d'infanterie, et d'Angélique-Jeanne de l'Aâge de Foussac, dont il eut :

1° ARMANDE-ROSALINE, morte célibataire.

2° FRANÇOIS-LOUIS-AUGUSTE, qui suit.

3° PAUL-HENRI, né le 28 mai 1812, et marié le 12 avril 1836 à ADÉLAÏDE DE FOUCHIER, fille de Charles et d'Adélaïde le Pelletier de Fermusson, dont :

NELLY, née le 13 août 1837.

MARCEL-AUGUSTE, né le 26 avril 1839.

GABRIELLE, née le 13 mars 1841.

JEAN ADALBERT, né le 24 juin 1843.

BERTHE, née le 3 mars 1846.

XI. — **PORTE** (François-Louis-Auguste DE LA), né le 20 janvier 1807, — a épousé le 24 août 1831 ANNE-HÉLÈNE DE FOUCHIER, fille d'Alexis-André-Pierre, seigneur de Tricon, chevalier de Malte, et d'Henriette-Honorée Girard de Pindray, dont :

1° MARIE-RADEGONDE-ÉLISABETH, née le 25 juin 1832, morte en 1849 ;

2° MARIE-ROSALIE-CLAIRE, née le 30 décembre 1837 ;

3° MARIE-MARTHE, née le 4 janvier 1842 ;

MARIE-LOUIS-RENÉ, né le 15 juin 1847.

§ III. DE LA PORTE (BRANCHE DE FORGES ISSUE DE CELLE DU THEIL).

VIII. — **PORTE** (Louis DE LA), fils puîné de René et de Louise Barbier, rapporté au 7ᵉ degré du § II, écuyer, seigneur du Theil et de Forges, fut baptisé le 24 août 1717, servit au ban de 1758 dans la quatrième brigade de l'escadron

de Vassé, rendit aveu au roi de sa seigneurie de Forges le
30 juin 1764, et mourut le 14 janvier 1776. — Il avait épousé :
1° le 16 février 1741 THÉRÈSE PELISSON, veuve d'Etienne-Luc
Pelisson, écuyer, et fille de Pierre, écuyer, seigneur de Forges (1), conseiller au présidial de Poitiers, et de Marie-Philippe,
dont il n'eut point d'enfants. — Le 22 janvier 1755, il épousa :
2° SUZANNE DE SAINT-GARRAU, fille de Charles, écuyer, seigneur
de Trallebault et de Madeleine le Breton, dont il eut :

1° ANTOINE, qui suit ;
2° LOUISE-MODESTE ;
3° MARIE-MICHELLE, mortes l'une et l'autre célibataires ;
4° LOUIS-GABRIEL, dit le chevalier de la Porte, baptisé le
12 novembre 1759, entré aux pages de madame la comtesse
d'Artois sur preuves de noblesse, le 15 novembre 1773 ; il passa
au régiment d'Artois-dragons en 1783, émigra et servit à l'armée
des princes dans la première compagnie noble du Poitou avec
son cousin. Rentré en France, il fut amnistié le 27 brumaire
an XI et mourut célibataire le 11 octobre 1811.

IX. — **PORTE** (Antoine DE LA), écuyer, seigneur du Theil
et de Forges, fut baptisé le 18 novembre 1755, émigra et servit
à la compagnie de la noblesse du Poitou à l'armée des princes.
Il mourut le 18 fructidor an XI, laissant de SUZANNE-ANTOINETTE-
ROSALIE DE LA PORTE, fille d'Antoine, écuyer, seigneur du Theil
et de Tréneau, et d'Hélène le Merchier, qu'il avait épousée le
19 janvier 1781 :

1° LOUIS-CHARLES-HENRI, qui suit :
2° MARIE-ADÉLAIDE, née le 4 juin 1785, et mariée une
première fois en 1814 à Etienne-Vincent des ROCHES DE CHAS-
SAY, et une deuxième en 1822 à URBAIN DE LAFITE DU COUR-
TEIL, maréchal de camp, commandeur de l'ordre de Saint-Louis,
sans qu'il soit résulté d'enfants de ces deux unions.

X. — **PORTE** (Louis-Charles-Henri DE LA), né le 10 janvier
1782, épousa, le 14 juin 1814, FRANÇOISE-CAROLINE DES RO-
CHES DE CHASSAY, fille de Vincent, écuyer, seigneur de Marit,
et de Louise-Marie Babinet, dont il a eu :

(1) Il est remarquable que les trois seigneuries des Vaux, du Theil et de Forges
furent apportées dans la famille de la Porte par les femmes.

1° LOUIS-CHARLES-MODESTE, qui suit :

2° FRANÇOISE-ANTOINETTE, née en 1817, et mariée en 1843 à François-Marie-Frédéric de Ghergé.

XI. — **PORTE** (Louis-Charles-Modeste de la), né le 5 mars 1815, a épousé, le 29 novembre 1838, Anatolie de Fouchier, fille de Charles, et d'Adélaïde le Pelletier de Fermusson, dont il a eu :

1° LOUIS-CHARLES-HENRI, né le 27 août 1839 ;

2° MARIE-GABRIEL, né le 11 avril 1848.

Les représentants des différentes branches de la famille de la Porte des Vaux, — du Theil, — et de Forges sont maintenant fort dispersés. M. Louis-Henri de la Porte habite Paris ; M. Théophane de la Porte habite les environs de Montmorillon ; M. Gabriel-Alexandre de la Porte et ses enfants demeurent près de Limoges ; M. Paul-Henri de la Porte et ses enfants, M. Louis-François-Auguste de la Porte et ses enfants, M. Louis-Charles-Modeste de la Porte et ses enfants sont fixés aux environs de Poitiers.

PIÈCES JUSTIFICATIVES

MAINTENUE DE NOBLESSE DE 1599.

Copie d'une maintenue de noblesse en vieux parchemin peu lisible, signée Huault et de Sainte-Marthe, qui se trouve chez M. H. DE LA PORTE (1).

Charles HUAULT, *seigneur de Montmaigny, conseiller du roy, maître ordinaire de ses requêtes et Gauthier* DE SAINTE-MARTHE, *conseiller du roy, trésorier général des finances en la généralité de Poitou, commissaires, députés par le roy pour le règlement des tailles et réforme des abus commis au fait de ses finances en Poitou;*

— Sçavoir faisons que ce jourd'hui ont comparu devant nous damoiselle MARGUERITE DE BOISLINARD, veuve de défunt FRANÇOIS DE LA PORTE, écuyer, sieur des Vaux, et ANNE DU QUEROUAIS, veuve de défunt autre FRANÇOIS DE LA PORTE, écuyer, et JACQUES PIERRE et AUBIN DE LA PORTE, enfants du dit sieur des Vaux, en la paroisse de Millac, élection de Bellac, issus des dits sieurs FRANÇOIS DE LA PORTE et damoiselle ANNE DU QUEROUAIS, lesquels suivant l'assignation baillée à la requête du substitut du procureur général du roy pour la justification de la noblesse nous ont présenté :

Un contrat du 10ᵉ d'aoust 1597 de la vente faite au dit sieur de la Porte, écuyer... — Un jugement pour son droit d'aînesse. Un jugement baillé par le commissaire du roi de l'élection de Paris par lequel les dites damoiselles MARGUERITE DE BOISLINARD. veuve de FRANÇOIS DE LA PORTE et ANNE DU QUEROUAIS veuve de autre FRANÇOIS DE LA PORTE, sieur des Vaux, sont renvoyées de l'assignation a elles données pour l'exemption des tailles; du

---

(1) La première MAINTENUE de noblesse relative aux de la Porte *des Vaux* et datée de 1584 a été égarée. C'est en vain que j'ai fait des recherches aux archives de l'Empire et à la Bibliothèque impériale pour la retrouver.

26 novembre 1584. — Un hommage fait par damoiselle ANNE DU QUEROUAIS, comme ayant la garde noble de JACQUES DE LA PORTE, son fils aîné, du lieu des Vaux, au seigneur de Messignac. Du 6 avril 1576? — Dénombrement fourni au seigneur de Messignac par ANNE DU QUEROUAIS, dudit lieu des Vaux et dépendances. Le quinzième de juillet 1576. — Contrat de mariage de FRANÇOIS DE LA PORTE, écuyer, et damoiselle ANNE DU QUEROUAIS, du 10 janvier 1567, avec consentement de damoiselle MARGUERITE DE BOISLINARD, sa mère et femme de feu FRANÇOIS DE LA PORTE, écuyer ;

Acte d'hommage rendu par FRANÇOIS DE LA PORTE, écuyer, au seigneur de l'Isle Jourdain et suzerain seigneur de l'Age-Bougrin, 28 mai 1548. — Dénombrement fourni par le désigné FRANÇOIS DE LA PORTE, au seigneur de l'Isle-Jourdain, des fiefs tenus de lui du 20 mai 1548. — Contrat de mariage de FRANÇOIS DE LA PORTE, écuyer, et damoiselle MARGUERITE DE BOISLINARD, fait du consentement d'HIPPOLYTE DE BARACHIN, veuve de feu AUBERT DE LA PORTE, père du dit François, du dixième de mars 1541;

Contrat de mariage du sieur AUBERT DE LA PORTE, écuyer, avec la dite damoiselle HIPPOLYTE DE BARACHIN, du 24 juin 1508. — Acte du douzième d'avril 1508 confirmant que AUBERT DE LA PORTE, écuyer, a présenté aux officiers des comptes de la Basse-Marche l'état des fiefs..... au pays de la Basse-Marche. — Dénombrement fait au seigneur de l'Isle Jourdain par le dit AUBERT DE LA PORTE, écuyer, du 20 novembre 1489.

Après avoir sur ce, ouï le dit substitut du procureur général du roy, nous avons renvoyé et renvoyons les dites damoiselles MARGUERITE DE BOISLINARD *et* ANNE DU QUEROUAIS, JACQUES PIERRE *et* AUBIN DE LA PORTE, *écuyers, de l'assignation à eux donnée à la requeste du substitut du procureur général du roy pour la représentation des titres justificatifs de leur noblesse. Ordonnons au premier greffier royal signifier ces présentes à tous à qui il appartiendra en vertu des lettres à nous données par Sa Majesté, mandons à tous officiers et légats du roy que leurs priviléges soient maintenus.*

Donné à Bellac, le dix-neuvième jour de juin 1599.

Signé : HUAULT DE MONTMAIGNY, DE SAINTE-MARTHE, *par ordonnance de mes dits sieurs,* HALIGRE.

MAINTENUE DE NOBLESSE DE 1634.

Copie d'une maintenue de noblesse en vieux parchemin peu lisible, signée Doriou, qui se trouve chez M. H. DE LA PORTE.

Les président Q....., conseiller du roy et son père, juges ordinaires sur le fait des aides et tailles de Poitou;

A tous sçavoir faisons que ce jourd'huy a comparu par devant nous PIERRE DE LA PORTE, sieur des Vaux, en la paroisse de Millac, le quel satisfaisant à nos convocations et ordonnances,— nous a représenté ses titres et pièces justificatives de sa noblesse qui sont :

Contract de mariage de FRANÇOIS DE LA PORTE, écuyer, sieur des Vaux, fils de FRANÇOIS DE LA PORTE, aussy écuyer, sieur des Vaux et de MARGUERITE DE BOISLINARD, et daté du vingtième de janvier 1567. — Contract de partage de la succession du dit FRANÇOIS DE LA PORTE, dans lequel le dit François a laissé à JACQUES DE LA PORTE, son fils aisné les deux tiers des..... de la succession et datée du dixième d'aoust 1597;

Contract de mariage dudit PIERRE DE LA PORTE, écuyer, du vingt-septième de juillet 1597. — Deux sentences de maintenue de maistres Malot et de Montmaigny, du 26 novembre 1584 et 19 juin 1599.

Conclusions du procureur du roy. — Nous, après la déclaration dudit successeur de ne pouvoir rapporter ses titres suivants par les deux..... qui sont..... en mains de son frère aisné, avons octroyé, octroyons..... ces pièces justificatives de sa noblesse, et ordonnons qu'il continue a être mis et..... au rolle des tailles de leur..... de Millac, au rang des nobles comme nobles et issus de noble lignée.

Donné et fait en la chambre du conseil de la..... de l'élection première et principale de Poitou, à Poitiers, le troisième jour de juillet 1634.

Signé : DORIOU, greffier.....   (Autre signature illisible).

MAINTENUE DE NOBLESSE DE 1665.

Copie d'une vérification de noblesse, en papier, signée Colbert, dont l'original se trouve chez M. H. DE LA PORTE.

L'an 1665 et le 10ᵉ jour de mars, par devant nous, Charles COLBERT, *conseiller du roy en ses conseils, maistre des requestes ordinaires de son hôtel, commissaire départy pour l'exécution des ordres de Sa Majesté dans les généralités de Poitiers et de Tours ont comparu (imprimé)* ;

PIERRE DE LA PORTE, écuyer, sieur des Vaux, faisant tant pour luy que pour damoiselle JEANNE DE LA PORTE, dame de la Garsillière, sa sœur. — Enfants de JACQUES DE LA PORTE, écuyer, sieur des Vaux — et PIERRE DE LA PORTE, écuyer, sieur du Theil-aux-Servants, fils d'autre PIERRE DE LA PORTE, écuyer, sieur de l'Age et du Theil, qui était frère du dit JACQUES, et enfants de FRANÇOIS DE LA PORTE, écuyer, sieur des Vaux, assistés de Mᵉ Jacques..... leur procureur, demeurant, les sieurs des Vaux, en la paroisse de Millacq et le sieur du Theil, en la commune de la Chapelle-du-Vivier;

Lesquels pour satisfaire à notre ordonnance du 22 décembre dernier a eux signifiée, à la requeste de maistre Jean Pinet, commis à la recépte générale des finances de Poictou, portant entre autres choses que tous ceux de ladite généralité de Poictou qui se prétendent exempts de la contribution aux tailles, soit par noblesse ou autrement, représenteront les titres de leur exemption, nous ont représenté (imprimé) les pièces qui ensuivent qui sont :

Premièrement un contrat en forme et donation mutuelle fait entre les dits AUBERT DE LA PORTE, écuyer, et damoiselle JEANNE DU CHASTEAU, sa femme, *écrit?* soubs la cour de l'Isle Jourdain, signé *Hugaud* et *Gumand*, notaires. Le dit Aubert..... en date du vingt-six aoust 1498. — *Acte?* de dénombrement escript en latin et rendu par le dit AUBERT DE LA PORTE, écuyer, sieur des Vaux, à François du Fou, chevalier, seigneur chatellain de l'Isle Jourdain, et de..... au quel est attaché l'acte d'hommages liges faictes au dit sieur de l'Isle Jourdain. Signé *Thorique* et daté du dix novembre 1506. — Hommage et dénombrement en latin rendu par le dit écuyer, sieur des Vaux, à cause dudit lieu des Vaux et de l'Age-Bougrin au seigneur de l'Isle Jourdain. Au dos duquel est la réception faite par le seigneur du dit lieu de l'Isle Jourdain, signé *Delabraudière* et datées des trois et vingtième d'apvril 1509. —

Hommage faict à AUBERT DE LA PORTE, écuyer, sieur des Vaux, étant en latin et signé du d° *Gumaud*, notaire à l'Isle Jourdain en date du trois décembre 1510 ;

Hommage rendu par FRANÇOIS DE LA PORTE, écuyer, seigneur des Vaux, fils du d° AUBERT DE LA PORTE, écuyer, au seigneur de l'Isle Jourdain, signé *Berthon*, notaire, — au dos duquel est la réception faite par le dit seigneur de l'Isle Jourdain et ceci signé *Delabraudière*, et daté du vingt juin 1539. — Contrat de mariage du dit FRANÇOIS DE LA PORTE, écuyer, sieur des Vaux, fils du dit AUBERT, avecq damoiselle MARGUERITE DE BOISLINARD, dans lequel est employée la procuration de damoiselle HIPPOLYTE DE BARACHIN, veuve du dit AUBERT DE LA PORTE, écuyer, pour consentir au mariage du dit FRANÇOIS, son fils et du dit AUBERT. Signé le dit contrat *Debersacq?* notaire, et dans laquelle procuration la dite DE BARACHIN fait partage entre le dit FRANÇOIS, son fils et damoiselles JAQUETTE et MARGUERITE DE LA PORTE, ses filles, et datée du 10 mars 1541. — Hommage et dénombrement rendu par le dit FRANÇOIS DE LA PORTE, écuyer, sieur des Vaux, à cause de ladite maison des Vaux au seigneur de l'Isle-Jourdain, signé *Barbade* et *Brivet*, notaires, et datée du 28 mars 1548,—au dos duquel est l'acte de réception faite par le dit seigneur de l'Isle, en date du 17 aoust 1548— au quel est attaché un acte d'hommage fait par le dit FRANÇOIS, écuyer, du dit jour 28 mars 1548 ;

Contract de mariage d'autre FRANÇOIS DE LA PORTE, écuyer, sieur des Vaux, fils du dit FRANÇOIS ci-dessus, avecq damoiselle ANNE DU QUEROUAIS, et dans le quel est establie ladite damoiselle DE BOISLINARD, sa mère ; le dit contract *visé?* sous la cour de l'Isle Jourdain et signé *Laurenson* et *Couturier*, notaires et daté du vingtième janvier 1567. — Hommage ou dénombrement rendu par la dite ANNE DU QUEROUAIS, lors veuve du dit FRANÇOIS DE LA PORTE, écuyer, sieur des Vaux, comme tutrice et ayant la garde noble de JACQUES DE LA PORTE, écuyer, son fils aîné et ses autres enfants, rendu au seigneur de Messignac et signés *Barbade* et *Courivault*, notaires à l'Isle Jourdain, en date du quinzième juillet 1576, — au dos duquel est la réception faite par le dit seigneur de Messignac et signée *Bonnet* et datée du 15 octobre 1580 — auquel est attaché un acte d'hommage au dit seigneur de Messignac, par la dite damoiselle DU QUEROUAIS, signé *de Messignac*, *Laurenson* et *Courivault*, notaires, en date du 6 apvril 1576. — Assignation donnée à damoiselle MARGUERITE DE BOISLINARD, veuve de FRANÇOIS DE LA PORTE, écuyer, sieur

des Vaux, pour la représentation de ses titres de noblesse, par
devant Me Claude Malot, conseiller en la cour et par les dits
commissaires, signé *Helloin*, greffier, en date du 13 novembre
1584. — Sanction et rectification des titres de noblesse, rendu
par le dit sieur Malot au profit de la dite damoiselle DE BOISLINARD,
veuve de FRANÇOIS DE LA PORTE, écuyer, sieur des Vaux et de
damoiselle ANNE DU QUEROÜAIS, veuve d'autre FRANÇOIS DE LA
PORTE, écuyer, sieur des Vaux; et par laquelle il paraît que partie des titres ci-dessus furent représentés et encore et plus le
contract de mariage de AUBERT DE LA PORTE leur autheur
daté de l'an 1480 et signé *Judoreau* et *Philippot*; et traduit par
eux en 1499, et par la quelle sanction leur noblesse a été ap-
prouvée, et est signée *Helloin*, greffier, en date du 26 novembre
1584. — Autre sanction portant une rectification au profit des
dites damoiselles DE BOISLINARD et DU QUEROUAIS, et JACQUES,
PIERRE et AUBIN DE LA PORTE, écuyers, enfants de la damoiselle
DU QUEROUAIS et du dit FRANÇOIS DE LA PORTE, rendu par messire
Charles Huault, seigneur de Montmaigny, maître des requestes
et Gauthier de Sainte-Marthe, trésorier de la généralité de Poitou, commissaires. Signé *Huault, de Sainte-Marthe* et *Haligre*
greffier et daté du dix-neuvième de juin 1599;
Contrat de mariage de JACQUES DE LA PORTE, écuyer, sieur
des Vaux, fils aîné des dits FRANÇOIS de la Porte et damoiselle DU
QUEROUAIS, avec damoiselle DIANE DE COUHÉ, fait sous l'autorité
des dites damoiselles DU QUEROUAIS, sa mère et DE BOISLINARD,
son aïeule, passé sous la cour de Saint-Germain et signé *Pres-
sacq* et *Moureau*, notaires, en date du dix-septième de septembre
1595. — Autre contrat de mariage de PIERRE DE LA PORTE,
écuyer, sieur de l'Age, frère cadet du dit JACQUES, avec damoiselle FRANÇOISE DE BARACHIN, et fait du consentement et autorité
du dit JACQUES, son frère aîné, passé sous le scel royal de Montmorillon et signé *Chasseloup* et *Rideau*, notaires royaux, en
date du 27 juillet 1597. — Contrat de partage fait entre les dits
JACQUES et PIERRE DE LA PORTE, écuyers, frères, des domaines
les quels ledit JACQUES a partagés noblement, et aussi collation et
concession faite par ledit PIERRE au d^o JACQUES, son frère, de
tous les droits en la succession du d^o FRANÇOIS, leur père. Le dit
acte passé sous la cour de l'Isle Jourdain et signé *Laurenson*,
notaire passeur, en date du dixième d'aoust 1597;
Contract de mariage de PIERRE DE LA PORTE, écuyer, sieur des
Vaux, fils du d^o JACQUES DE LA PORTE, écuyer, sieur des Vaux,

avec damoiselle GABRIELLE DE BAIGNAN, passé sous le scel royal de Chinon et signé *Bourin*, notaire royal passeur, en date du 17 novembre 1619. — Sanction donnée par les officiers de l'élection de Poitiers au profit de PIERRE DE LA PORTE, écuyer sieur des Vaux..... portant nouvelle représentation de ses titres et vérification de sa noblesse. Signé *Doriou*, greffier, en date du 3 juillet 1634. — Acte de service au bancq de la Basse-Marche donné au d° sieur des Vaux par les officiers de la d° sénéchaussée. Signé *de Juhée et de Rofignac*, procureur du roy, *de Juhés*, advocat du roy, *Robiou*...., général et *Paul de Nollet*, sénéchal, en date du dernier aoust 1635. — Partage sous seing privé fait entre PIERRE DE LA PORTE, écuyer, sieur des Vaux et damoiselles JEANNE et MARGUERITE DE LA PORTE, ses sœurs, la d° JEANNE, damoiselle de la Garsillière, veuve et par le quel il leur délaisse pour tous leurs droits successifs la maison de l'Age. Signé PIERRE DE LA PORTE, JEANNE DE LA PORTE, MARGUERITE DE LA PORTE DE COUHÉ, et *François Saint-Savin*, arbitre. En date du neuviesme de janvier 1641. — Contract de mariage d'autre PIERRE DE LA PORTE, écuyer, sieur du Theil, fils du dit PIERRE DE LA PORTE, écuyer, sieur de l'Age..., avec damoiselle CLAUDE DE LA GRAIZE. Passé sous le scel royal de Civray et signé *Aulmont*, notaire royal passeur, en date du 24 janvier 1639. — Sanction et vérification de noblesse et représentation des titres faits par devant les officiers de l'élection de Poitiers, par damoiselle FRANÇOISE DE BARACHIN, veuve de PIERRE DE LA PORTE, écuyer, sieur de l'Aage et du Theil, mère du d° sieur du Theil..... et faisant tant en son nom que comme tutrice et ayant garde noble de ses enfants. Signé *Doriou*, greffier, en date du........ Signé la pièce entière ci-dessus. PIERRE DE LA PORTE (des Vaux), PIERRE DE LA PORTE (du Theil) et *Debelhois* ;

De la quelle représentation il nous ont requis acte, que nous leur avons octroyé et ordonné que les dits titres seront communiqués au dit Pinet pour y répondre ce qu'il appartiendra, dans huitaine, pendant le quel temps copie collationnée des dits titres sera mise à notre greffe, pour y avoir recours quand besoin sera (imprimé) fait à Poitiers les jours et an que dessus. Signé COLBERT.

J'ai pris communication des pièces mentionnées au présent inventaire pour y répondre ce que de raison, et les quelles après avoir été cottées et paraphées, première et dernière par..... ont été rendues. *Signé* PINET.

MAINTENUE DE NOBLESSE DE 1667.

Copie d'une maintenue de noblesse, sur papier, signée Barentin et de Bellineau, qui se trouve chez M. H. DE LA PORTE.

Jacques-Honoré BARENTIN, *chevalier, seigneur d'Hardiviliers Maisoncelles, les Belles-Ruries, Madères et Mounoye, conseiller du roy en tous ses conseils, maître des requestes ordinaires de son hôtel et président en son grand conseil, commissaire départi pour l'exécution de ses ordres en la généralité de Poitiers et des arrêts du conseil des 22 mars 1666 et 5 mai 1667, pour la représentation des titres de noblesse, recherche des usurpateurs de ladite qualité et jugement d'iceux,*

Entre le procureur du roy de la commission, poursuite et diligence de maître Jean Pinet, chargé des poursuites à faire pour la vérification des titres de noblesse en la généralité de Poitou, demandeur d'une part,

Et PIERRE DE LA PORTE, écuyer, sieur des Vaux, demeurant au dit lieu paroisse de Millac. — Damoiselle JEANNE DE LA PORTE, sa sœur. — PIERRE DE LA PORTE, écuyer, sieur du Theil-au-Servant, demeurant au dit lieu, dépendant de la Chapelle-Vivier, défendeur d'autre part ;

Vu par nous la déclaration du roy du 22 juin 1664, vérifiée en la cour des aydes le 5 aoust suivant par la quelle Sa Majesté ordonne qu'il sera expédié une commission générale en vertu de la quelle il sera fait commandement aux usurpateurs des qualités de chevalier ou d'écuyer ou à ceux qui se sont induement exemptés de la contribution des tailles de représenter leurs titres à la cour des aydes pour y être jugés. — Arrest du conseil d'état du 22 septembre 1665, par le quel Sa Majesté lève la surséance accordée par l'arrest du conseil du 1er juin de ladite année, qui aurait surcis les recherches faites en la cour des aydes à l'égard. de cette généralité et ordonne que la dite recherche commencée devant M. Colbert, notre prédécesseur, sera continuée par devant nous contre lesdits usurpateurs. — Notre ordonnance en conséquence dudit arrest du 20 décembre 1665. — Autre arrest du conseil d'état du 22 mars 1666, qui lève également la surséance du dit arrest du dit jour 1er juin 1665 pour toutes les généralités du royaume et ordonne que ladite recherche sera continuée par les commissaires départis dans les provinces. — Autre arrest du conseil du 8 novembre 1666, par le quel il est ordonné que les anoblis révoqués par la déclaration du roi d'aoust 1664 et les officiers dont les priviléges ont été pareillement révoqués et qui se sont retirés dans les villes franches depuis le mois de février 1661 y seront cotisés d'office et paieront les taxes qui seront sur eux faites à raison des années qu'ils ont demeuré dans les dites villes suivant le règlement des tailles de la dite année 1664. — Autre arrest du conseil d'état du 6 décembre au dit an (1666), portant notre pouvoir de condamner ceux qui se désisteront de leur prétendue qualité et les contumaux ainsi que nous le jugerons à propos et que les instances de ceux qui auront soutenu la qualité et qui en seront délibérés seront par nous renvoyées au conseil avec notre avis. — L'arrest du 5 mars dernier portant notre commission et pouvoir d'instruire et juger définitivement les instances contestées avec les particuliers prétendus usurpateurs du titre de noblesse sauf l'appel au conseil où ils ne seront reçus qu'après que l'amende adjugée sera payée. — Autre arrest du conseil du 10 mars dernier portant défense de faire aucune poursuite contre ceux qui sont actuellement dans les troupes de Sa Majesté et dont sera rapporté des certificats en bonne forme des généraux d'armée ou du secrétaire d'état ayant le département de la guerre, jusqu'à ce que autrement par Sa Majesté en ait été ordonné aux dits défendeurs ;

La requête du dit Pinet, commis par Sa Majesté à la recherche des usurpateurs de noblesse dans la dite généralité, en conséquence de l'ordonnance du dit sieur Colbert notre prédécesseur et la nôtre du 23 décembre 1664 et 30 décembre 1665 ;

Acte de donation mutuelle du 26 aoust 1498, signée *Hugaud* et *Gumaud*, notaires à l'Ile Jourdain, faite entre AUBERT DE LA PORTE, écuyer et sieur des Vaux, et damoiselle JEANNE DU CHATEAU, sa femme. — Acte d'hommages et dénombrement en latin des 3 et 20 avril 1509, signé *Delaberaudière*, rendu par ledit AUBERT DE LA PORTE, sieur des Vaux, au sieur de l'Ile Jourdain ;

Contrat de mariage du 10 mars 1541 passé sous le scel de la Basse-Marche, de FRANÇOIS DE LA PORTE, écuyer, sieur des Vaux, fils D'AUBERT et de damoiselle HIPPOLYTE DE BARACHIN, sa seconde femme, avec damoiselle MARGUERITE DE BOISLINARD. — Acte d'hommages et dénombrement du 28 mars 1548, signé *Barbade* et *Brevet*, notaires à l'Ile Jourdain, rendu par ledit FRANÇOIS DE LA PORTE, écuyer, au sieur de l'Ile Jourdain ;

Contrat de mariage du vingtième janvier 1667, signé *Lorenson* et *Couturier*, notaires à l'Ile Jourdain, de FRANÇOIS DE LA PORTE, écuyer, sieur des Vaux, fils de FRANÇOIS et de la dite DE BOISLINARD, avec damoiselle ANNE DU QUEROUAIS. — Sentence du vingt-six novembre 1584, signé *Helloin*, greffier, rendue par les sieurs commissaires pour la réformation des abus commis au fait des tailles, au profit des dites damoiselles DE BOISLINARD et DU QUEROUAIS, veuves des dits FRANÇOIS et FRANÇOIS DE LA PORTE ;

Contrat de mariage du 19 septembre 1595, signé *Pressac* et *Moureau*, notaires à Saint-Germain, de JACQUES DE LA PORTE, écuyer, sieur des Vaux, fils de FRANÇOIS et de la dite DU QUEROUAIS, avec damoiselle JEANNE DE COUHÉ. — Autre contrat de mariage du 27 juillet 1597, signé *Chasseloup* et *Rideau*, notaires à Montmorillon, de PIERRE DE LA PORTE, fils cadet de FRANÇOIS et de la dite DU QUEROUAIS. — Contrat de partage du 10 aoust 1597, signé *Lorenson*, notaire à l'Ile Jourdain, entre les dits JACQUES et PIERRE DE LA Porte, écuyers, frères ;

Contrat de mariage du 17 novembre 1619, signé *Bourin*, notaire à Chinon, de PIERRE DE LA PORTE, écuyer, sieur des Vaux, fils de JACQUES et de la dite DE COUHÉ, avec damoiselle GABRIELLE DE BAIGNAN. — Sentence des élus de Poitiers du 13 juillet 1634, signé *Doriou*, greffier, au profit de PIERRE DE LA PORTE. — Acte de service au ban du dernier aoust 1635, signé *Paul de Nollet*, sénéchal de la Marche, audit PIERRE DE LA PORTE. — L'inventaire des dites pièces, signé PIERRE et PIERRE DE LA PORTE et *Debelhois*, du 6 mars 1665. — La généalogie des dits défendeurs avec la déclaration que dans leurs armes ils portent *d'or au chevron brisé de gueules* ;

Le consentement du dit *Pinet* de lui signé ;

Les conclusions du procureur du roy de la commission auquel le tout a été communiqué, en date du 13 d'aoust dernier, signé *Thoreau*, par les quels il déclare qu'il n'empêche que les dits défendeurs soient maintenus en leurs qualités de nobles ;

Tout considéré, faisant droit sur instance ;

Nous, commissaire susdit, ordonnons que les dits PIERRE *et* PIERRE DE LA PORTE, *écuyers, sieurs des Vaux et du Theil aux Servans, leurs successeurs, enfants, postérité, nés et à naître en loyal mariage, ensemble ladite* JEANNE DE LA PORTE, *damoiselle de la Garsillière, jouiront en qualité de nobles et écuyers de tous les priviléges, honneurs et exemptions attribués et accordés par*

Sa Majesté aux nobles de son royaume tant et si longtemps qu'ils ne feront actes dérogeants à la noblesse, faisant défense à toute personne de les y troubler à peine de mille livres d'amendes et pour cet effet que les dits sieurs de la Porte seront inscrits dans le catalogue des gentilhommes de la généralité de Poitiers qui sera dressé et arrêté conformément au dit arrêt du conseil du dit jour, 22ᵉ mars 1666, et employés aux rolles des tailles des paroisses de leurs demeures aux chapitres des nobles et exempts.

Fait à Poitiers, en notre hôtel, le neuvième jour de septembre 1667.

Signé BARENTÉN. Par mon dit seigneur, DE BELLINEAU.

MAINTENUE DE NOBLESSE DE 1716.

Copie d'une maintenue de noblesse donnée aux héritiers de la Porte, etc., dont l'original se trouve chez M. H. DE LA PORTE.

Charles-Bonaventure QUENTIN, *chevalier, seigneur de Riche-bourg, conseiller du roy en ses conseils, maître des requêtes ordinaires de son hôtel, intendant de justice, police et finances, en la généralité de Poitiers.*

Entre François Ferrand, chargé de la recherche des usurpateurs, du titre de noblesse ordonnée par les déclarations du roy, des quatre septembre 1696, — trente mai 1702, — trente janvier 1703, — seize janvier 1714, poursuite et diligence de Mᵉ Joseph Spoullet de Varel, sous-procureur spécial, demandeur, d'une part;

Et PIERRE DE LA PORTE, écuyer, sieur des Vaux, — ANTOINE DE LA PORTE, écuyer, sieur de Fontvallais, — ANNE-FRANÇOIS DE LA PORTE, écuyer, sieur de l'Age, — RENÉ DE LA PORTE, écuyer, sieur du Theil et de la Chapelle, tant pour lui que pour — FRANÇOIS DE LA PORTE, écuyer, sieur de la Porte et encore — pour JEAN-GABRIEL DE LA PORTE, écuyer, sieur du Theil et de la Porte, défendeurs;

Outre, vu par nous les dites déclarations du roi des quatre septembre 1696, — 30 mai 1702, — 30 janvier 1703, — 16 janvier 1714, — les arrets du conseil des 26 février 1697, — 15 mai 1703 — et autres, rendus pour l'exécution des dites déclarations. — L'assignation donnée à la requête du dit sieur Ferrand aux dits sieurs DE LA PORTE, à comparoir par devant nous, pour représenter les titres justificatifs en vertu desquels ils prennent la qualité d'écuyers. — La requête à nous présentée par les dits sieurs produisants, tendant à ce qu'il nous plût les décharger de l'assignation à eux donnée à la requête du dit Ferrand, et en conséquence les maintenir et garder dans les priviléges de leur noblesse ;

L'ordonnance en parchemin de M. Barentin, intendant pour lors de cette province, en faveur de PIERRE DE LA PORTE écuyer, sieur des Vaux, JEANNE DE LA PORTE sa sœur et PIERRE DE LA PORTE, écuyer sieur du Theil au Servant, par lesquels ils auraient été maintenus en la qualité de nobles et d'écuyers, en date du 9 septembre 1667, signé de Barentin et plus bas : par monseigneur du Bellineau, dans le vu des pièces de laquelle il est énoncé ;

Le contrat de mariage de PIERRE DE LA PORTE, écuyer et sieur des Vaux, avec damoiselle GABRIELLE DE BAIGNAN, par lequel il paraît qu'il est fils de JACQUES DE LA PORTE et de JEANNE DE COUHÉ ;

Autre contrat de mariage de PIERRE DE LA PORTE, par lequel il paraît qu'il est fils de FRANÇOIS DE LA PORTE et de ANNE DU QUERROIX ;

Autre contrat de mariage de FRANÇOIS DE LA PORTE, sieur des Vaux, avec MARGUERITE DE BOISLINARD, par lequel il paraît qu'il est fils de AUBERT DE LA PORTE et d'HIPPOLYTE BARACHIN ;

Autre contrat de mariage de PIERRE DE LA PORTE, fils cadet de FRANÇOIS DE LA PORTE et d'ANNE DU QUERROIX, daté du 27 juillet 1597. Signé Chasseloup ;

Contrat de mariage en parchemin de PIERRE DE LA PORTE, écuyer et sieur du Theil, fils de PIERRE DE LA PORTE, écuyer, sieur de l'Age, avec damoiselle CLAUDE DE LAGRAIZE, en date du 24 janvier 1639, signé Aumont, notaire ;

Autre contrat de mariage en papier d'ANTOINE DE LA PORTE, écuyer, et sieur de la Chapelle-du-Vivier, avec damoiselle CATHERINE DE REGNAULT, par lequel il paraît qu'il est fils de PIERRE DE LA PORTE, écuyer, sieur de l'Age, du Theil, et de défunt CLAUDE DE LAGRAIZE, en date du 27 août 1665. Signé des parties et Rousseau, notaire ;

Extrait de baptême de RENÉ DE LA PORTE, du 7 août 1671. — Autre extrait de FRANÇOIS DE LA PORTE, du 9 novembre 1672, par les quels il paraît qu'ils sont enfants d'ANTOINE DE LA PORTE, écuyer, sieur de la Chapelle et du Theil et de damoiselle CATHERINE DE REGNAULT, délivré, le 8 de ce mois, par le sieur *Mellet*, curé de la Chapelle-du-Vivier, controllé le 11 de ce mois. — Contrat de mariage en parchemin de GABRIEL DE LA PORTE, écuyer, sieur du Theil, brigadier des gardes du corps du roi, avec damoiselle MARIE BLONDEL, par lequel il paraît qu'il est fils de PIERRE DE LA PORTE, vivant, écuyer, sieur du Theil et de CLAUDE DE LA GRAIZE, en date du 16 novembre 1682, signé *Lenormand* et *Beschet*;

Extrait de baptême de JEAN-GABRIEL DE LA PORTE, du 18 août 1683, par le quel il paraît qu'il est fils de GABRIEL DE LA PORTE, écuyer, sieur du Theil, brigadier des gardes du corps et de damoiselle MARIE BLONDEL, délivré le 20 août dernier, signé *Deba*, prêtre dépositaire des registres de baptême de Saint-Germain-l'Auxerrois de Paris. Contrôlé à Poitiers, le 11 de ce mois. — Contrat de mariage en parchemin de FRANÇOIS DE LA PORTE, écuyer, sieur de Fontvallais, avec damoiselle BEGAUD, par le quel il paraît qu'il est fils de PIERRE DE LA PORTE, écuyer, sieur des Vaux et de damoiselle GABRIELLE DE BAIGNAN, en date du 15 juillet 1663 et signé *Fouard*, notaire. — Autre contrat de mariage en papier de PIERRE DE LA PORTE, écuyer, sieur des Vaux, avec damoiselle TAVEAU DE LA TOUR, par le quel il paraît qu'il est fils de FRANÇOIS DE LA PORTE, écuyer, seigneur de Fontvallais et de dame MARGUERITE BEGAUD, en date du 26 janvier 1694. — Extrait de baptême d'ANTOINE DE LA PORTE, du 20 juillet 1672, par le quel il paraît qu'il est fils de FRANÇOIS DE LA PORTE, écuyer, seigneur de Fontvallais et de damoiselle MARGUERITE BEGAUD, délivré le 7 août dernier par le sieur *Cuirblanc*, prieur, curé de Millac, controllé le onze de ce mois. — Contrat de mariage en parchemin de FRANÇOIS DE LA PORTE, sieur de la Chezaudrie, avec damoiselle ANNE LEBLOND, par le quel il paraît qu'il est fils de PIERRE DE LA PORTE et de damoiselle GABRIELLE DE BAIGNAN, en date du 11 janvier 1660, signé *Maucherac*, notaire. — Extrait de baptême de FRANÇOIS-ANNE DE LA PORTE, du 6 septembre 1662, par le quel il paraît qu'il est fils de FRANÇOIS DE LA PORTE, écuyer, sieur de la CHEZAUDRIE et de damoiselle ANNE LEBLOND, délivré le 11 juin 1662, signé *Guiot*, prieur du Vigeant, controllé le 11 de ce mois. — Notre ordonnance de soit communiquée audit Spoullet de Varel, du onze du présent mois. — La réponse dudit jour portant consentement que les dits sieurs de la Porte soient déchargés de la dite assignation et maintenus dans leur noblesse. — Les conclusions du sieur *Girault*, procureur du roi de la commission de ce jourd'hui et tout considéré ;

Nous, intendant susdit, avons donné acte au dit Pierre de la Porte, *écuyer, sieur des Vaux.* — Antoine de la Porte, *écuyer, sieur de Fontvallais,* — Anne-François de la Porte, *écuyer, sieur de l'Age* — *et* René de la Porte, *écuyer, sieur du Theil et de la Chapelle, tant pour lui que pour*—François de la Porte, *écuyer, sieur de la Porte et encore* — Jean-Gabriel de la Porte, *écuyer, sieur du Theil, de la représentation de leurs titres ;*

En conséquence les déchargeons de l'assignation à eux donnée à la requête du dit Ferrand et les avons maintenus et gardés, ensemble leurs successeurs enfants et postérité, nés et à naître en légitime mariage dans le droit de prendre la qualité de nobles et d'écuyers ; ordonnons qu'ils continueront de jouir des privilèges et exemptions attribués aux gentilhommes du royaume, tant qu'ils vivront noblement et ne feront aucun acte de dérogeance ; et qu'à cet effet ils soient inscrits au catalogue des nobles de cette généralité qui sera arrêté en exécution de l'arrest du conseil du 26 février 1697.

Fait en notre hôtel, à Poitiers, ce 13 *janvier* 1716, *signé* de Richebourg *et par monseigneur* Ramenu.

SOURCES.

H. Filleau : Dictionnaire des familles de l'ancien Poitou (2 *volumes grand in-8. Poitiers,* 1854).

Armorial manuscrit de la province du Poitou (*à la Bibliothèque impériale*).

De la Roque et de Barthélemy : Catalogue des gentilshommes de la Marche et du Poitou qui ont pris part aux assemblées pour les états généraux de 1789 (*in-8, en cours de publication. Paris, Aubry*).

Pierre de Saulzay : Roolles de bancs et arrière-bancs de la province du Poitou (*in-4. Poitiers,* 1667).

Barbot de la Trésorière : Annales historiques des anciennes provinces d'Aunis, Saintonge, Poitou, etc. (*Paris, in-4,* 1858).

D. Hoefer : Nouvelle biographie générale (*Paris, Didot, in-8, t.* xxix).

Dacier : Mémoires de l'Académie des inscriptions (*nouvelle série, t.* v).

Silvestre de Sacy : Notice sur la vie et les ouvrages de M. de la Porte du Theil (*Paris, broch. in-8.*)

Michaud : Biographie universelle, t. xxxv.

I. — Aubert de la Porte des Vaux et ses ascendants. — Jeanne du Château. — Hippolyte de Barachin.

Copie d'un acte de donation de rentes sur la dîme de Genouillé consenti par Guillaume de la Porte et Hermine, son épouse, aux religieuses de Montazay, à l'occasion de la prise d'habit de ses filles. Signé Serph, 1177 (*entre les mains de M. Henri de la Porte*).

Partage entre Guillaume Ayneau et Jeanne Ayneau, épouse de Guillaume du Château, et mère de Jeanne du Château, femme de la Porte, 8 juin 1446 (*entre les mains de M. H. de la Porte*).

Contrat de mariage d'Aubert de la Porte avec damoiselle Jeanne du Château, signé Judoreau et Philippot, 1480 (*entre les mains de M. H. de la Porte, en très-mauvais état*).

Dénombrement fait au seigneur de l'Ile-Jourdain, par Aubert de la Porte, écuyer, du 20 novembre 1489 (*cité par la maintenue de noblesse de 1599. Égaré*).

Hommage en latin sur parchemin, rendu par Mathieu Foucaud de Agia (*de*

3

l'Aage) à noble homme Aubert de la Porte, écuyer, seigneur des Vaux, 7 décembre 1490 (*entre les mains de M. H. de la Porte*).

Acte de donation mutuelle faite entre Aubert de la Porte, écuyer, sieur des Vaux, et damoiselle Jeanne du Château, sa femme. Signé : Hugaud et Gumaud, notaires à l'Ile-Jourdain, 26 août 1498 (*entre les mains de M. H. de la Porte*).

Baillette du moulin de la Gorce faite par Aubert de la Porte, écuyer, sieur des Vaux, et Jeanne du Château, sa femme, à François Chauvet, pièce en parchemin du 1er décembre 1498 (*entre les mains de M. H. de la Porte*).

Acte de dénombrement, écrit en latin, et rendu par Aubert de la Porte, écuyer, sieur des Vaux, à François du Fou, chevalier, seigneur châtelain de l'Ile-Jourdain, auquel est attaché l'acte d'hommage-lige fait audit sieur de l'Ile-Jourdain. Signé Thorique, 10 novembre 1506 (*cité par la maintenue de 1665. Égaré*).

Acte confirmant que Aubert de la Porte, écuyer, a présenté aux officiers des comptes de la Basse-Marche, l'état de ses fiefs, du 12 avril 1508 (*cité par la maintenue de 1599. Égaré*).

Contrat de mariage du sieur Aubert de la Porte, écuyer, avec damoiselle Hippolyte de Barachin, du 24 juin 1508 (*cité par la maintenue de noblesse de 1599. Égaré*).

Hommage et dénombrement écrit en latin, rendu par Aubert de la Porte, écuyer, sieur des Vaux, à cause dudit lieu des Vaux et de l'Aage-Bougrain, au seigneur de l'Ile-Jourdain. Signé de Labéraudière ; au dos duquel est la réception faite par ledit seigneur, du 3 avril 1509 (*cité par les maintenues de 1665, 1667. Égaré*).

Hommage en latin, fait à Aubert de la Porte, écuyer, sieur des Vaux, et signé Gumaud, notaire à l'Ile-Jourdain, du 3 décembre 1510 (*cité par la maintenue de 1665. Égaré*).

Parchemin illisible relatif à Aubert de la Porte, de 1520. — Autre parchemin illisible et écorné (*entre les mains de M. H. de la Porte*).

II. — François de la Porte des Vaux. — Marguerite de Boislinard. — Jacqueline et Marguerite de la Porte des Vaux.

Hommage rendu par François de la Porte, écuyer, seigneur des Vaux, fils d'Aubert de la Porte, écuyer, au seigneur de l'Ile-Jourdain, signé Berthon, notaire, au dos duquel est la réception faite par ledit seigneur de l'Ile-Jourdain, signé de Labéraudière, du 20 juin 1539 (*cité par la maintenue de 1665. Égaré*).

Procuration donnée par damoiselle Hippolyte de Barachin, dame des Vaux, à François de la Lande, écuyer, pour assister en son nom au mariage de François de la Porte, écuyer, sieur des Vaux, son fils, avec damoiselle Marguerite de Boislinard ; du 6 mars 1541 (*pièce en parchemin, entre les mains de M. H. de la Porte*)

Copie du contrat de mariage de François de la Porte, écuyer, sieur des Vaux, fils d'Aubert de la Porte, avec damoiselle Marguerite de Boislinard (ou Bostlinard), du 10 mars 1541, signé Debersaq (*entre les mains de M. H. de la Porte*).

Hommage et dénombrement rendu par François de la Porte, seigneur des Vaux, à cause de ladite maison des Vaux, au seigneur de l'Ile-Jourdain, signé Darbade et Brevet, notaires, et daté du 28 mars 1548, au dos duquel est l'acte de réception en date du 17 août 1548 (*cité par les maintenues de noblesse de 1665 et 1667. Égaré*).

Dénombrement fourni par François de la Porte au seigneur de l'Ile-Jourdain, des fiefs tenus de lui, en date du 20 mai 1548 (*cité par la maintenue de noblesse de 1599. Égaré*).

Acte d'hommage rendu par François de la Porte, écuyer et suzerain seigneur de l'Aage-Bougrain, le 28 mai 1548 (*cité par la maintenue de noblesse de 1599. Égaré*).

Transaction faite entre François de la Porte et François de l'Aage en parchemin, du 9 janvier 1575 (*entre les mains de M. H. de la Porte*).

Une pièce illisible, de plusieurs feuillets, signée Debersac, et une autre en parchemin, relative à l'Aage-Bougrain (*entre les mains de M. H. de la Porte*).

III. — François de la Porte des Vaux. — Anne du Querrouais.

Contrat de mariage de François de la Porte, écuyer, sieur des Vaux, fils de François de la Porte, avec damoiselle du Querrouais (ou Querroyx), dans lequel est établie damoiselle de Boislinard, sa mère. Signé Laurenson et Couturier, notaires à l'Ile-Jourdain ; du 20 janvier 1567 (*Parchemin rongé des vers, entre les mains de M. H. de la Porte.*)

Contrat de partage de François de la Porte, écuyer, seigneur des Vaux, fils de François, avec Marguerite de Boislinard, sa mère, en date du 20 avril 1567 (*cité par la maintenue de 1634. Égaré*).

Acte d'hommage au seigneur de Messignac ou Roffignac, par la damoiselle du Querrouais, signé Laurenson et Courrivault, notaires, en date du 6 avril 1576 (*cité par la maintenue de 1599. Égaré*).

Hommage et dénombrement rendu par la dame Anne du Querrouais, veuve de François de la Porte, écuyer, seigneur des Vaux, comme tutrice et ayant la garde noble de Jacques de la Porte, écuyer, son fils aîné, et ses autres enfants, rendu au seigneur de Messignac, et signé Barbade et Courrivault, notaires à l'Ile-Jourdain, du 15 juillet 1576 ; au dos duquel est la réception faite par le seigneur de Messignac, signé Bonnet, du 15 octobre 1580 (*cité par la maintenue de 1665. Égaré*).

MAINTENUE. — Sanction et rectification des titres de noblesse rendue par le sieur Malot au profit de damoiselle de Boislinard, veuve de François de la Porte, écuyer, sieur des Vaux, et de damoiselle Anne du Querrouais, veuve d'autre François de la Porte, écuyer, seigneur des Vaux, par lequel il paraît que partie des titres ci-dessus mentionnés ont été présentés. Signé Helloin, greffier ; 26 novembre 1584 (*cité par les maintenues de 1599, 1665 et 1667. Égaré*).

MAINTENUE. — Sanction portant une vérification au profit de damoiselles de Boislinard et du Querrouais, et Jacques, Pierre et Aubin de la Porte, enfants de la damoiselle du Querrouais, et de François de la Porte, rendue par Charles Huault et Gauthier de Sainte-Marthe, datée du 19 juin 1599 (*entre les mains de M. H. de la Porte*).

IV — Jacques de la Porte des Vaux. — Diane de Couhé. — Pierre de la Porte de l'Aage et du Theil. — Françoise de Barachin.

Contrat de mariage de Jacques de la Porte, écuyer, seigneur des Vaux, fils ainé de François de la Porte et de dame du Querrouais, avec damoiselle Diane de Couhé. Signé Pressac et Moureau, notaires à Saint-Germain, 17 septembre 1595 (*parchemin entre les mains de M. H. de la Porte*).

Contrat de mariage de Pierre de la Porte, écuyer, seigneur de l'Aage, frère cadet de Jacques, avec damoiselle Françoise de Barachin, passé à Montmorillon, signé Chasseloup et Rideau, notaires, le 27 juillet 1597 (*cité dans les maintenues de 1665, 1667 et 1716. Égaré*).

Contrat de partage de la succession de François, fils de François de la Porte, écuyer, seigneur des Vaux, dans laquelle le fils aîné, Jacques, prend les deux tiers de la succession. Signé Laurenson, notaire à l'Ile-Jourdain, en date du 10 août 1597 (*cité dans les maintenues de 1665 et 1667. Égaré*).

Renonciation de Jacques de la Porte et de Diane de Couhé à la succession de ses père et père. Signé Pressac, en 1614 (*entre les mains de M. H. de la Porte*).

Baillette de la métairie de l'Aage, fief de Pierre de la Porte, en 1616 (*entre les mains de M. H. de la Porte*).

Promesse de paiement faite par Diane de Couhé à plusieurs créanciers de la Maison des Vaux, en 1628 (*entre les mains de M. H. de la Porte*).

MAINTENUE. — Maintenue de noblesse de Pierre de la Porte, sieur des Vaux (de l'Aage), en la paroisse de Millac, donnée à Poitiers en 1634, signé Doriou (*entre les mains de M. H. de la Porte*).

V. — Pierre de la Porte des Vaux. — Gabrielle de Baignan. — Jeanne de la Porte des Vaux. — N. de la Garsillière. — François de la Porte du Theil. — Claude de la Graize. — Anne de Perrouin. — François de la Porte des Vaux. — Françoise de Fauveau.

Contrat de mariage de Pierre de la Porte, écuyer, seigneur des Vaux, fils de Jacques de la Porte, avec damoiselle Gabrielle de Baignan (ou Bagnac), fille de Charles, écuyer, seigneur de la Cotaudière, et de Antoinette Chaffaud. Signé Bourin, notaire, à Chinon, le 17 novembre 1619 (*parchemin entre les mains de M. H. de la Porte*).

Contrat de partage de Pierre de la Porte et Gabrielle de Baignan, sa femme, avec les héritiers de Charles de Baignan, père de Gabrielle, en 1633 (*se trouve entre les mains de M. H. de la Porte*).

Acte de service au banc de la Basse-Marche, donné à Pierre de la Porte des Vaux, par les officiers de ladite sénéchaussée. Signé de Juhée, de Roffignac et Paul de Nollet, sénéchal, le 31 août 1635 (*cité dans la maintenue de 1667. — Voir les rooles des ban et arrière-ban du Poitou*).

Pièce relative aux héritiers de la Garsillière de 1637 (*entre les mains de M. H. de la Porte*).

Contrat de mariage de Pierre de la Porte, écuyer, sieur du Theil, fils de Pierre de la Porte, écuyer, sieur de l'Aage, avec damoiselle Claude de la Graize. Signé Aumont, notaire à Civray, le 24 janvier 1639 (*cité dans la maintenue de 1716. Égaré*).

Lettre adressée à Pierre de la Porte par son cousin de Montbas, en 1640 (*entre les mains de M. H. de la Porte*).

Partage sous seing privé entre Pierre de la Porte, écuyer, seigneur des Vaux, et damoiselle de la Garsillière, sa sœur. Signé Saint-Savin, arbitre, le 9 janvier 1641 (*cité dans la maintenue de 1665. Égaré*).

Partage entre Pierre de la Porte, écuyer, seigneur des Vaux, et Laurent Chaffaud, en 1643 (*entre les mains de M. H. de la Porte*).

MAINTENUE. — Vérification de noblesse donnée à Pierre de la Porte, écuyer, seigneur des Vaux, Jeanne sa sœur, et Pierre de la Porte, écuyer, sieur du Theil. Signé Colbert, en 1665 (*entre les mains de M. H. de la Porte*).

Généalogie des défendeurs, avec la déclaration que, dans leurs armes, ils portent d'or au chevron brisé de gueules, en 1665 (*entre les mains de M. H. de la Porte*).

MAINTENUE. — Ordonnance en parchemin de M. Barentin, intendant du Poitou, en faveur de Pierre de la Porte, écuyer, seigneur des Vaux, Jeanne sa sœur, et Pierre de la Porte, écuyer, seigneur du Theil. Signé de Bellineau, le 9 septembre 1667 (*entre les mains de M. H. de la Porte*).

VI. — François de la Porte des Vaux. — Marguerite Begaud de Beaussays. — François de la Porte de la Chezauderie. — Anne le Blond. — Antoine de la Porte du Theil. — Jeanne de Mauvise. — Catherine de Regnault. — Gabriel de la Porte du Theil. Marie Blondel. — Suzanne de la Porte du Theil. — Daniel Négrier de la Dauge. — Anne de la Porte du Theil. — Jacques du Château.

Extrait de baptême de François de la Porte, fils de Pierre et de damoiselle de Baignan, né le 17 septembre 1629 (*entre les mains de M. H. de la Porte*).

Contrat de mariage en parchemin de François de la Porte, écuyer, avec damoiselle Bégaud de Beaussays, fille de Philippe et de dame Chevalier de Mees, du 15 juillet 1663 (*existe entre les mains de M. H. de la Porte*).

Contrat de mariage en parchemin, de François de la Porte, écuyer, seigneur de la Chezauderie, avec damoiselle Anne Leblond, du 11 janvier 1660 (*cité par la maintenue de 1716. Égaré*).

Contrat de mariage d'Antoine de la Porte du Theil, avec damoiselle Catherine de Regnault, du 27 août 1665 (*cité par la maintenue de 1716. Égaré*).

Partage entre François Begaud et François de la Porte, de 1674 (*entre les mains de M. H. de la Porte*).

Acte de vente de François de la Porte des Vaux, à François de la Chezauderie, de 1677 (*entre les mains de M. H. de la Porte*).

Contrat de mariage de Gabriel de la Porte, écuyer, brigadier des gardes du corps, avec damoiselle Marie Blondel. Signé Le Normand et Bechet, en 1682 (*entre les mains de M. H. de la Porte*).

Concession de rentes faite par MM. François et François de la Porte, frères, à madame de Pressigny, veuve, en 1686 (*entre les mains de M. H. de la Porte*).

VII. — **Pierre de la Porte des Vaux.** — **Louise Taveau de la Tour.** — **Antoine de la Porte de Fontvallais.** — **Anne de Paradis.** — **Marie de la Porte des Vaux.** — **Louis Texereau de Pressigny.** — **François-Anne de la Porte de l'Aage.** — **René de la Porte du Theil.** — **Marie-Rose Perreau.** — **Louise Barbier.** — **François de la Porte de Traineau.** — **Anne de Barachin.** — **Jeanne de la Bussière.** — **Marie-Anne de la Porte du Theil.** — **Jean de Baconnet.** — **Jean-Gabriel de la Porte du Theil.** — **Jeanne Foucard de Beauchamp.**

Extrait de baptême de François-Anne de la Porte de l'Aage, du 6 septembre 1662 (*cité par la maintenue de 1716. Égaré*).

Extrait de baptême de René de la Porte du Theil, du 4 août 1671 (*cité par la maintenue de 1716. Égaré*).

Extrait de baptême de Antoine de la Porte de Fontvallais, signé Cuirblanc, curé de Millac, en 1672 (*cité par la maintenue de 1716. Égaré*).

Extrait de baptême de François de la Porte de Traineau, du 9 novembre 1672 (*cité par la maintenue de 1716. Égaré*).

Extrait de baptême de Jean-Gabriel de la Porte du Theil, du 18 août 1683 (*cité par la maintenue de 1716. Égaré*).

Contrat de mariage de Pierre de la Porte, écuyer, sieur des Vaux, avec damoiselle Taveau de la Tour, du 26 janvier 1694 (*entre les mains de M. H. de la Porte*).

Inventaire pour Pierre de la Porte des Vaux et Louise Taveau, son épouse, en 1698 (*entre les mains de M. H. de la Porte*).

Titre de lieutenant de cavalerie du roi d'Espagne, pour Jean-Gabriel de la Porte du Theil, écuyer, de 1702 (*entre les mains de M. H. de la Porte*).

Renonciation en faveur de Marianne de la Porte du Theil, en 1704 (*entre les mains de M. H. de la Porte*).

Titre de commissaire des guerres du roi d'Espagne, pour Jean-Gabriel de la Porte du Theil, écuyer, de 1705 (*entre les mains de M. H. de la Porte*).

Contrat de mariage de René de la Porte du Theil, écuyer, avec Marie-Rose Perreau, du 24 septembre 1708 (*entre les mains de M. Aug. de la Porte*).

Certificat signé Claude, évêque de Poitiers, constatant la pauvreté de Pierre de la Porte, lieutenant de la brigade à cheval, en 1713 (*entre les mains de M. H. de la Porte*).

Acte notarié portant disposition entre Pierre de la Porte et dame Taveau, son épouse, en 1716 (*entre les mains de M. H. de la Porte*).

MAINTENUE. — Sanction de maintenue de noblesse délivrée par M. Quentin de Richebourg en faveur de Pierre de la Porte, écuyer, sieur des Vaux, Antoine de la Porte, écuyer, sieur de Fontvallais, Anne-François de la Porte, écuyer, sieur de l'Aage, René de la Porte, écuyer, sieur du Theil, François de la Porte, écuyer, sieur de Traineau, Jean-Gabriel de la Porte, écuyer, sieur du Theil, du 13 janvier 1716 (*chez M. H. de la Porte*).

Transaction entre Pierre de la Porte et ses parents, en 1717 (*entre les mains de M. H. de la Porte*).

Titre de réception de chevalier du Mont-Carmel et de Saint-Lazare, pour Jean-Gabriel de la Porte, en 1717 (*entre les mains de M. H. de la Porte*).

Quittance de dame de Chamborand, veuve de Jean de Couhé, à Louise Taveau de la Tour, femme de Pierre de la Porte, écuyer, en 1718 (*entre les mains de M. H. de la Porte*).

Contrat de partage de Pierre de la Porte et de son frère, en 1723 (*entre les mains de H. de la Porte*).

Plein pouvoir du roi Louis XV pour conclure la paix avec l'empereur, donné à Jean-Gabriel de la Porte du Theil, en 1735 (*entre les mains de M. H. de la Porte*).

Brevet d'expectative de secrétaire du cabinet du roi, donné à Jean-Gabriel de la Porte, en 1737 (*entre les mains de M. H. de la Porte*).

Provision de ladite charge de secrétaire du cabinet, en 1737 (*entre les mains de M. H. de la Porte*).

Procuration de veuve Taveau de la Tour, à François Dupin, 28 novembre 1737 (*parchemin entre les mains de M. H. de la Porte*).

Brevet de 4,000 fr. de pension, donné à Jean-Gabriel de la Porte, en 1744 (*entre les mains de M. H. de la Porte*).

Lettre de M. de Maurepas à Jean-Gabriel de la Porte du Theil, pour les fonctions de secrétaire des dames de France, de 1746 (*entre les mains de M. H. de la Porte*).

Plein pouvoir du roi à Jean-Gabriel de la Porte du Theil, pour la conclusion de la paix générale, août 1748 (*entre les mains de M. H. de la Porte*).

Partage de la succession de François-Anne de la Porte, du 15 octobre 1748 (*entre les mains de M. H. de la Porte*).

Titre d'ambassadeur extraordinaire, avec plein pouvoir pour la paix d'Aix-la-Chapelle, donné à Jean-Gabriel de la Porte, en octobre 1748 (*entre les mains de M. H. de la Porte*).

Brevet de 6,000 fr. de pension, comme premier commis des affaires étrangères, donné à Jean-Gabriel de la Porte, en 1749 (*entre les mains de M. H. de la Porte*).

VIII. — Pierre-Jean de la Porte des Vaux. — Marguerite Chasteigner. — Marie-Lucrèce Boynet de la Fremaudière. — Marie-Anne de la Porte des Vaux. — Louis de la Porte de Fontvallais. — Antoine de la Porte du Theil. — Marie de la Porte de Tréneau. — Marie - Rose - Modeste de la Porte du Theil. — Barthélemy de la Porte du Theil. — Louis de la Porte de Forges. — Thérèze Pélisson. — Suzanne de Saint-Garrau. — François de la Porte, chanoine. — Antoine de la Porte de Tréneau. — Hélène le Merchier. — Madeleine de la Porte du Theil. — M. de Bory. — Jean-Gabriel de la Porte du Theil.

Extrait de baptême de Pierre-Jean de la Porte des Vaux, né le 24 octobre 1701 (*entre les mains de M. H. de la Porte*).

Extrait de baptême de Marie-Anne de la Porte des Vaux, née le 14 août 1704 (*entre les mains de M. H. de la Porte*).

Preuves de la noblesse de Marie-Anne de la Porte des Vaux, pour être reçue à Saint-Cyr en 1713 (*manuscrit de 11 pages, qui se trouve à la bibliothèque impériale, cabinet d'Hozier*).

Extrait de baptême de Marie-Lucrèce Boynet de la Fremaudière, née le 21 décembre 1714 (*entre les mains de M. H. de la Porte*).

Brevet d'entrée à Saint-Cyr, de Marie-Anne de la Porte des Vaux, de 1716 (*entre les mains de M. H. de la Porte*).

Contrat de mariage de Pierre-Jean de la Porte, écuyer, seigneur des Vaux, avec demoiselle Marguerite Chasteigner, le 13 février 1732 (*entre les mains de M. H. de la Porte*).

Brevet du grade de lieutenant dans le régiment de Fumée, donné à Antoine de la Porte, écuyer, seigneur de Traineau, le 1er octobre 1734 (*égaré*).

Brevet de capitaine pour le même Antoine de la Porte de Traineau, le 29 décembre 1735 (*égaré*).

Contrat de mariage de Pierre-Jean de la Porte, écuyer, seigneur des Vaux, avec Marie-Lucrèce Boynet de la Fremaudière, le 28 novembre 1737 (*entre les mains de M. H. de la Porte*).

Contrat de mariage de Antoine de la Porte, écuyer, seigneur du Theil, avec sa cousine Marie de la Porte de Traineau, vers 1740 (*entre les mains de M. Aug. de la Porte*).

Brevet de chevalier de Saint-Louis, donné à Antoine de la Porte de Tréneau, le 17 décembre 1748, et en même temps sa nomination au grade de lieutenant des maréchaux de France (*égaré*).

Contrat de partage entre Marie-Anne de la Porte des Vaux, et Pierre-Jean, son frère, en 1753 (*entre les mains de M. H. de la Porte*).

Contrat de rente entre Marie-Anne de la Porte des Vaux, et Pierre-Jean, son frère, en 1753 (*entre les mains de M. H. de la Porte*).

Contrat de mariage de Louis de la Porte, écuyer, seigneur de Forges, avec Suzanne de Saint-Garrau, du 22 janvier 1755 (*entre les mains de M. Mod. de la Porte*).

Achat de l'Aage-Bougrain, par Pierre-Jean de la Porte, écuyer, seigneur des Vaux, à Louis de la Porte de Fontvallais, son cousin, en 1757 (*entre les mains de M. H. de la Porte*).

Vente de Vernessac à M. de la Gasne, par Pierre-Jean de la Porte, écuyer, seigneur des Vaux, en 1765 (*entre les mains de M. H. de la Porte*).

Partage entre Pierre-Jean de la Porte et ses enfants, en 1777 (*entre les mains de M. H. de la Porte*).

IX. — Jérôme-Augustin de la Porte des Vaux. — Armande-Marguerite de Blet. — Marie-Louise Ribière de la Besse. — Jacquette de la Porte des Vaux. — Mathieu de Londeix. — François de la Porte du Theil. — Gabrielle-Armande de Blet. — Antoine de la Porte de Forges. — Suzanne-Antoinette-Rosalie de la Porte de Tréneau. — Louise-Modeste et Marie-Michelle de la Porte de Forges. — Louis-Gabriel de la Porte de Forges. — François-Arnoult de la Porte de Traineau. — Marie-Josèphe-Augustine de la Porte de Traineau.

Brevet d'officier au régiment de marine infanterie, donné à François de la Porte du Theil (*égaré*).

Extrait de naissance de Jérôme-Augustin de la Porte des Vaux, né à Poitiers, le 24 août 1750 (*égaré; cité sur son brevet de pension*).

Contrat de mariage de François de la Porte, écuyer, seigneur du Theil, avec Gabrielle-Armande de Blet, le 13 décembre 1767 (*entre les mains de M. Aug. de la Porte*).

Diplôme de réception à l'Académie des inscriptions et belles-lettres, pour Jean-Gabriel de la Porte du Theil, en 1771 (*égaré*).

Nomination de Jérôme-Augustin de la Porte des Vaux, à la charge de lieutenant à la compagnie de Rochemont, le 5 mai 1772 (*entre les mains de M. H. de la Porte*).

Contrat de mariage de Antoine de la Porte, écuyer, seigneur du Theil, avec Suzanne-Antoinette-Rosalie de la Porte, le 19 janvier 1781 (*entre les mains de M. Mod. de la Porte*).

Nomination de Jérôme-Augustin de la Porte des Vaux à la charge de lieutenant de grenadiers au régiment de Paris, le 30 juin 1784 (*entre les mains de M. H. de la Porte*).

Contrat de mariage de Jérôme-Augustin de la Porte, chevalier, seigneur des Vaux, lieutenant de grenadiers, avec demoiselle Armande-Marguerite de Blet, le 18 mai 1777 (*parchemin entre les mains de M. H. de la Porte*).

Quittance de Louis de la Porte de Fontvallais, à Jérôme-Augustin de la Porte des Vaux, le 30 juin 1784 (*entre les mains de M. H. de la Porte*).

Contrat d'échange relatif à l'Aage-Bougrain, entre M. Deshoullières et Jérôme-Augustin de la Porte, chevalier, seigneur des Vaux, en 1790 (*entre les mains de M. H. de la Porte*).

Échange concernant l'Aage-Bougrain entre Jérôme-Augustin de la Porte et Jean Gaudron, en 1793.

Contrat de mariage de Jérôme-Augustin de la Porte des Vaux et de l'Aage, avec Marie Ribière de la Besse, fille de Pierre et de Marie-Madeleine d'Asnières, passé chez Mᵉ Faugère, notaire à Availles-Limousine, en 1795 (*chez M. Alex. de la Porte*).

Brevet de gentilhomme de la chambre de Monsieur, frère du roi Louis XVI, donné en 1792 à Gabriel-Alexandre de la Porte du Theil (*égaré*).

Brevet de grand officier de la Légion d'honneur, donné à Jean-Gabriel de la Porte du Theil, membre de l'Institut, 20 janvier 1816 (*égaré*).

Brevet d'une pension de 800 fr. sur la liste civile, donné à Jérôme-Augustin de la Porte, le 27 mai 1819 (*entre mes mains*).

X. — Jean-Baptiste-Hector de la Porte des Vaux. — Madeleine-Justine de Courrivault. — Henri de la Porte des Vaux, chanoine.— Gabriel-Alexandre de la Porte des Vaux.— Julie-Marthe Bauga.— Irma de la Porte des Vaux.— Gaston Dutheil de la Rochère. — Hortense de la Porte des Vaux. — Theobald Dutheil de la Rochère. — Rosalie de la Porte du Theil. — N. de Mauvise. — Louis-Augustin de la Porte du Theil. — Catherine Girard de Pindray. — Agathe de la Porte du Theil. — N. de la Porte du Theil. — Louis-Charles-Henri

de la Porte de Forges. — Françoise-Caroline des Roches
de Chassay. — Marie-Adélaïde de la Porte de Forges. —
Étienne-Vincent des Roches de Chassay. — Urbain de
Lafite.

Extrait de naissance de Louis-Augustin de la Porte du Theil, né le 17 septembre
1773 (*entre les mains de M. Aug. de la Porte*).

Extrait de naissance de Jean-Baptiste-Hector de la Porte des Vaux, né le 17 septembre 1779 aux Vaux, commune de Millac (*entre les mains de M. H. de la
Porte*).

Extrait de naissance de Charles-Louis-Henri de la Porte de Forges, né le 10 janvier 1792 (*entre les mains de M. Modeste de la Porte*).

Brevet d'admission à l'école militaire de Pontlevoy, sur un certificat de noblesse,
de Jean-Baptiste-Hector de la Porte des Vaux, le 16 février 1788 (*entre les mains
de M. H. de la Porte*).

Brevet d'admission à l'école militaire, sur un certificat de noblesse de Cherin,
donné à Louis-Augustin de la Porte du Theil, le 19 mars 1788 (*entre les mains de
M. Aug. de la Porte*).

Brevet de lieutenant pour le même, du 15 septembre 1789 (*mêmes mains*).

Extrait de naissance de Gabriel-Alexandre de la Porte des Vaux, né à Millac
(Vienne), le 23 frimaire an VIII (1799). (*Dans cette pièce qui est entre mes mains,
le nom du père et du fils est écrit Laporte, d'un seul mot et sans particule, ce qui
s'explique par l'époque où elle a été rédigée*).

Contrat de mariage de Louis-Augustin de la Porte du Theil, avec Catherine Girard de Pindray, en 1803 (*entre les mains de M. Aug. de la Porte*).

Contrat de mariage de Jean-Baptiste-Hector de la Porte des Vaux, avec Madeleine-Justine de Courrivault, fille de Jean-Louis et de dame Françoise-Marthe
Dassier des Brosses. Signé Bonneau..., notaire à l'Ile-Jourdain en 1801 (*entre
les mains de M. H. de la Porte*).

Contrat de mariage de Charles-Louis-Henri de la Porte de Forges, avec Françoise-Caroline des Roches de Chassay, en 1814 (*entre les mains de M. Mod. de la
Porte*).

Brevet de chevalier de Saint-Louis, donné à Louis-Augustin de la Porte du
Theil, à la Restauration, 1816 (*entre les mains de M. Aug. de la Porte*).

Brevet de garde du corps de Monsieur, frère du roi, donné à Gabriel-Alexandre
de la Porte des Vaux, en 1816 (*Etat de services fourni par le ministère de la guerre,
entre mes mains*).

Extrait de mariage célébré à Usson (Vienne), entre Gabriel-Alexandre de la
Porte des Vaux, et Julie Bauga, fille de Pierre et de Julie Pluvillère (ou la Pluvil-
lière), le 2 février 1824 (*entre mes mains*).

Contrat de mariage de Gabriel-Alexandre de la Porte des Vaux, avec Julie Bauga,
par lequel M. de la Porte lui laisse la maison chemière des Vaux, en 1824
(*Étude de Mᵉ Dupalais, notaire à l'Ile-Jourdain*).

Acte de vente des Vaux par M. Gabriel-Alexandre de la Porte à M. Deshoullières,
en 1840 (*même étude*).

XI. — Louis-Henri de la Porte des Vaux. — Georgette du Pontavice. — Théophane de la Porte des Vaux. — Aline Chambert. — Fanelie de la Porte des Vaux. — Jean-Pierre-Armand de la Porte des Vaux. — Alexandre-Jean-Baptiste de la Porte des Vaux. — Mélanie, Julie et Philomène de la Porte des Vaux. — François-Louis-Auguste de la Porte du Theil. — Anne-Hélène de Fouchier. — Paul-Henri de la Porte du Theil. — Adélaïde de Fouchier. — Armande-Rosaline de la Porte du Theil. — Louis-Charles-Modeste de la Porte de Forges. — Anatolie de Fouchier. — Françoise-Antoinette de la Porte de Forges. — Frédéric de Chergé.

Extrait de naissance de Louis-Henri de la Porte des Vaux, né au Vigeant en 1805 (*entre les mains du titulaire*).

Extrait de naissance de François-Louis-Auguste de la Porte du Theil, né le 20 janvier 1807 (*entre les mains du titulaire*).

Extrait de naissance de Théophane de la Porte des Vaux, né au Vigeant en 1809 (*entre les mains du titulaire*).

Extrait de naissance de Paul-Henri de la Porte du Theil, né le 28 mai 1812 (*entre les mains du titulaire*).

Extrait de naissance de Louis-Charles-Modeste de la Porte de Forges, né le 5 mars 1815 (*entre les mains du titulaire*).

Extrait de naissance de Jean-Pierre-Armand de la Porte des Vaux, né au Vigeant (Vienne), le 27 janvier 1826 (*entre les mains du titulaire ; le nom est écrit de Laporte*).

Contrat de mariage de Louis-Henri de la Porte, lieutenant d'infanterie, avec Georgette du Pontavice, passé à Caen, chez Me Bureau, en 1829 (*entre les mains du titulaire*).

Contrat de mariage de François-Louis-Auguste de la Porte du Theil avec Anne-Hélène de Fouchier, le 24 août 1831 (*entre les mains du titulaire*).

Extrait de naissance de Alexandre-Jean-Baptiste de la Porte des Vaux, né à Nouic (Haute-Vienne), en 1832 (*entre les mains du titulaire ; le nom est écrit Delaporte-Desvaux*).

Contrat de mariage de Paul-Henri de la Porte du Theil, avec Adélaïde de Fouchier, le 12 avril 1836 (*entre les mains du titulaire*).

Contrat de mariage de Louis-Charles-Modeste de la Porte de Forges, avec Anatolie de Fouchier, le 29 novembre 1838 (*entre les mains du titulaire*).

Extrait de mariage de Théophane de la Porte des Vaux, avec Aline Chambert, fille de Louis, ancien capitaine d'infanterie, et de Marie Augry, fait à Poitiers en 1840.

Diplôme de docteur en médecine obtenu le 26 février 1856, par Jean-Pierre-Armand de la Porte des Vaux (*entre les mains du titulaire*).

Brevet de médecin aide-major de l'artillerie de la garde, du 6 août 1863, en faveur de Jean-Pierre-Armand de la Porte des Vaux (*entre les mains du titulaire*).

ALLIANCES DIRECTES

DE LA FAMILLE.

Du Chateau, 1480, 1750.
De Barachin, 1508, 1597, 1700.
De Boislinard, 1541.
Du Querrouais, 1567.
De Couhé, 1595.
De Baignan, 1619.
De la Graize, 1639.
De la Garsillière, 1640.
De Fauveau, 1642.
De Perrouin, 1648.
Le Blond, 1660.
De Mauvise, 1660, 1787?
Begaud de Beaussays, 1663.
De Regnault, 1665.
Blondel, 1682.
Taveau de la Tour, 1694.
De Baconnet, 1704.
De la Bussière, 1706.
Perreau, 1708.
Négrier de la Dauge, 1710?
Texereau de Pressigny, 1712?
De Paradis, 1715.
Barbier, 1720.

Chasteigner du Fresne, 1733.
Boynet de la Fremaudière, 1737.
Bellivier, 1738.
Foucard de Beauchamp, 1740.
Pélisson, 1741.
Le Merchier, 1745?
De Saint-Garrau, 1755.
De Bory, 1760?
De Blet, 1767, 1777.
De Londeix de Champagnac, 1780.
Ribière de la Besse, 1795.
De Courrivault, 1804.
Girard de Pindray, 1805.
Des Roches de Chassay, 1814, 1814.
De Fouchier, 1831, 1836, 1838.
De Lafite, 1822.
Bauga, 1824.
Du Pontavice, 1829.
Dutheil de la Rochère, 1829, 1830.
Chambert, 1840.
De Chergé, 1843.
De Gibon, 1861.

FIN

www.ingramcontent.com/pod-product-compliance
Lightning Source LLC
LaVergne TN
LVHW052151080426
835511LV00009B/1796